Durch Gärtnern zur Achtsamkeit

Lars Weigelt

DURCH GÄRTNERN ZUR ACHTSAMKEIT

Bewusst erleben
Zur Ruhe kommen
Kraft schöpfen

CHRISTIAN

INHALT

HERBST

WINTER

 Bewusst erleben    Zur Ruhe kommen    Kraft schöpfen

ZEIT FÜR ACHTSAMKEIT IST JETZT!

Einfach mal Pause machen, die Zeit Zeit sein lassen, nichts tun. Jetzt und hier leben und erleben. Einatmen, innehalten – träumen – ausatmen, und: das Glück anpacken. Im Garten.

Achtsamkeit: ein großes, ein wichtiges Thema. Eines, das sich nicht greifen und rational beschreiben lässt. Achtsamkeit ist ein Ziel, ein imaginärer Fixpunkt auf der Suche nach dem Sinn des Lebens, auf der Suche nach ganzheitlicher Erfüllung. Denn wir alle haben den innigen Wunsch, Glück zu erfahren und ein (selbst-)bewussteres Leben führen zu können.

Achtsamkeit ist die Achtung vor sich selbst, vor der unmittelbaren Umgebung, vor den Kreisläufen und Zyklen des Lebens. Achtsamkeit ist außerdem die emotionale und instinktive Wahrnehmung von Zeit und Ort. Macht man sich erst einmal auf den Weg, kommt man der Achtsamkeit – dem inneren Gleichgewicht und der Balance von Körper, Geist und Seele – näher. Stück für Stück. Bewusst, erkenntnisreich und wahrnehmbar. Ob man dieses wünschenswerte Ziel letztlich wirklich erreicht, im irdischen Leben je erreichen kann? Unerheblich. Der Weg ist das Ziel.

Genau darum sollten wir uns, ganz gleich, ob der Moment gerade günstig erscheint oder der Lebensplan doch andere Etappen vorsieht, auf den Weg machen. Auf den Weg zum Einklang von Körper, Geist und Seele; zum Hier und Jetzt. Der erste Schritt ist der schwierigste, und die innere Bereitschaft zur positiven Selbsterfahrung Grundvoraussetzung. Begeben wir uns also am besten jetzt auf den Weg. In den Garten: einen Ort des intensiven Erlebens und der ganzheitlichen Erkenntnis. Das bewusste Erleben der eigenen Sinne und die Konsequenzen des eigenen Tuns und Lassens nehmen wir im Garten – beim Gärtnern – besonders wahr. Das (Garten-)Glück ist greifbar. Greifen Sie zu! Jetzt.

> »GEH IN DEN GARTEN UND HÖRE AUF DIE STILLE ZWISCHEN DEN GERÄUSCHEN: DIES IST DIE WAHRE MUSIK DER NATUR!«
>
> *Japanische Weisheit*

BE MINDFUL

Wer hat sich nicht schon einmal gefragt, ob es nicht anders geht? Entspannter, lässiger, spontaner – zufriedener. Einmal den Dingen ihren natürlich-zufälligen Lauf lassen, auf Fügung und Schicksal vertrauen, die eigenen Sinne neu entdecken und dabei die eigenen Kraftreserven auftanken. Das Leben bewusst und intensiv genießen, im Hier und Jetzt leben: gar nicht so einfach. Sich selbst bewusster zu erleben, ist eine Herausforderung, für die aktives Tun und Lassen gleichermaßen erforderlich sind. Mit jedem bewussten Erfahrungsmoment, jeder bewusst getroffenen Entscheidung wachsen die innere Zufriedenheit und das Glücksgefühl. Dankbarkeit erfüllt die Seele. Ein gutes Gefühl.

NEUES SELBSTBEWUSST-SEIN ERLEBEN

Sich die nötige Zeit nehmen: für sich sowie
kleine und große Aufgaben. Das bewusste Erleben
des Moments ist der Weg zum Glück.

Grundtenor und Intention dieses Buches ist es, sich mithilfe des Gärtnerns im Laufe der Jahreszeiten neu und wieder zu entdecken, die Sinne zu schärfen, sich das eigene Ich, Tun und Lassen bewusst zu machen, die eigenen Kraftreserven aufzufüllen, Zeit und Alltag zu vergessen, sich selbst einen inspirierenden Ruhepol zu schaffen, generell alles etwas entspannter zu sehen. Eine gute Zeit zu haben. Bewusst erleben. Zur Ruhe kommen. Kraft schöpfen. Sich seiner selbst bewusst werden, ist ein Geschenk von unersetzlichem Wert, denn die veränderte – bewusste – Wahrnehmung sorgt für neue Lebensenergie. Die Stressresistenz steigt, die vormalige An- und Abgespanntheit schwinden. Gärtnern macht's möglich! Die buchstäbliche Erdung beginnt in dem Moment, wenn man den ersten Spatenstich für das zukünftige Garten-Blumen-Selbstversorger-Paradies tätigt.

Glücksformel unserer Zeit

In einer Ära, die geprägt ist von multimedialer Reizüberflutung, erdrückender Nachrichtendichte, (scheinbar) grenzenlosen Möglichkeiten und dem steten Gefühl, nicht mehr mitzukommen, ist Zeit, ist die Konzentration auf das Wesentliche, ist Luftholen und Durchatmen, eine echte Herausforderung. Einfach mal – wenigstens gefühlt – für einen intensiven Moment die Zeit anhalten und ganz konzentriert innehalten. Achtsamkeit, Glück, Gelassenheit. Seelenfrieden. Große Worte in einer hektischen Welt.

Ihren Zauber und Aha-Effekt entfalten sie jedoch bereits im Kleinen. Bei einem relaxten und nicht zweckgebundenen Spaziergang durch den Garten etwa. In die eigene grüne Oase eintauchen, die Außenwelt draußen lassen, ist pures Glück. Der Weg zur Achtsamkeit nimmt seinen Lauf. Dass Achtsamkeit zu dem Codewort für das Lebensglück unserer Zeit geworden ist, liegt auch daran, dass es eben nicht darauf ankommt, möglichst perfekt und komplett einem idealistischen Prinzip zu entsprechen, sondern sich selbst – Schritt für Schritt und konzentriert – seinen Weg zum Glück zu suchen.

TIPP DUFTIGES ERLEBNIS

Legen Sie sich an einem sonnig-warmen Frühlingstag in Ihren Garten und schließen Sie für eine Weile die Augen. Lenken Sie Ihre Aufmerksamkeit auf das Riechen. Im Frühling verströmen die Blüten betörende Düfte, der Boden ein angenehm erdiges Aroma, das Gras einen frischen Geruch. Wie riecht Ihr Frühling?

DAS GLÜCK IN DIE EIGENEN HÄNDE NEHMEN

Zu erleben, wie sich aus winzigen Samenkörnern
stolze Blumen entwickeln, ist prägend. Sich öffnende
Blütenknospen zu beobachten, ist magisch.

Gärten sind Seelenorte. Selbst Gärten, die der reinen Selbstversorgung dienen, tragen etwas Metaphysisches in sich. Gelingen Anbau und Kultur, ist die Ernte mindestens erträglich, so sind Dankbarkeit und Zufriedenheit groß, die Welt außerhalb des Gartens ist für einen kostbaren Moment unbedeutend. Das ehrbare Gefühl, sich durch eigenes Ackern, Umgraben, Wühlen und Co. einen Teil der Lebensgrundlage, wenigstens aber die Ergänzung der Speisekarte durch allerhand saisonale Obst-Gemüse-Schätze zu erschaffen, ist wahres Futter für die Seele.

Die Symbolkraft einer selbst gezogenen, erfolgreich aufblühenden Sommerschönheit übertrifft jeden rational definierten Wertemaßstab. Gelingt bei zwei- und mehrjährigen Pflanzen zudem noch die Überwinterung, dann ist das Glück perfekt. Über die bewusste Zuwendung zu den eigenen Pflanzenschätzen entsteht ein – direkt vor Ort – nachvollziehbares Verständnis von Ursache und Wirkung, von bewusstem Tun, Lassen, von Achtung und Beachtung.

Achtsamkeit (er)lernen

Übung macht den Meister. So selbstgerecht dieser Satz auch klingen mag: Es ist etwas dran. Von jetzt auf gleich im Hier und Jetzt, achtsam und selbstbewusst zu leben, ist nicht möglich. Es entspricht sogar genau dem Gegenteil der Achtsamkeitsstrategie. Der Weg ist das Ziel, nicht das Ziel der Grund, um es mit sich und der Welt nochmals neu und unvoreingenommen zu versuchen.

Man sollte also die Hand aufs Herz legen, tief und bewusst einatmen – und noch bewusster wieder ausatmen. Dann kann die Reise beginnen, man ist startklar für den eigenen Weg. Sich aus dem Alltag heraus der Achtsamkeit zu widmen: eine immense Herausforderung. Eine entspannende Übung, die jede Anstrengung lohnt.

> »MAN MUSS MIT SEINEN GEDANKEN NUR BEI DEM SEIN, WAS GERADE JETZT ZU TUN IST!«

Marc Aurel

DER WEG IST DAS ZIEL

Grübeln und zweifeln Sie nicht, tun Sie's einfach. In der Rückschau haben Sie noch genügend Zeit, Ihre Gedanken zu sortieren. Jetzt und hier beginnt ein neues Lebensgefühl.

Nein, es ist gar nicht notwendig, das Leben komplett umzukrempeln. Es sind die kleinen Dinge, die für großes Glück sorgen. Es ist der erste Schritt in die richtige Richtung, der den Weg zu Gelassenheit, zu innerer Ruhe, Selbsterkenntnis und Lebensfreude zeigt. Wenn man Gärtnern ganz bewusst im Einklang mit dem Rhythmus der Natur und vor allem mit der nötigen Entspanntheit angeht, dann ist man auf dem richtigen Weg. Gewiss, Gärtner befinden sich immer ein wenig im Zwist mit den Launen der Natur und mit den eigenen Ansprüchen, aber genau diese Schalter gilt es umzulegen. Die Natur ist der beste Gartengestalter und sollte fortan den Takt angeben, damit man sich dem Gärtnern und dem Moment an sich widmen kann, und sich nicht von überambitionierten Idealen unter Druck setzen lässt. Weniger Perfektionismus, mehr Laisser-faire. Weniger Masterplan, mehr Intuition.

Etappen zu mehr Achtsamkeit

Innere Balance und Ruhe einerseits, Motivation und Kraft für die Herausforderungen des Alltags anderseits lassen sich nicht auf Knopfdruck erzwingen. Den Schlüssel zu einem achtsamen Ich, ganzheitlicher Zufriedenheit tragen wir alle selbst in uns. Empathie, Respekt und Verständnis für andere sind eine wichtige Voraussetzung, um Achtung und Beachtung für sich selbst einfordern zu können. Die innere Bereitschaft, sich darauf einzulassen und sich seiner Selbst bewusst zu werden, ist der erste und wichtigste Schritt zu mehr Achtsamkeit. Einmal bereit, fallen alle weiteren Schritte leichter, die Etappen verschmelzen zu einem Weg. Einfach anfangen, spontan loslegen. Samen besorgen, Beet anlegen, Baum pflanzen. Jeder noch so kleine Schritt hilft, bringt einen dem Gartenglück näher.

Wenn sich nach den ersten – wegweisenden – Handgriffen, zarte Triebe, frische Blätter und pralle Blütenknospen zeigen, dann nimmt der Weg (zu mehr Achtsamkeit) seinen Lauf. Es gilt dem werdenden Gartenglück behilflich zu sein.

»ES IST WICHTIGER, DASS JEMAND SICH ÜBER EINE ROSE FREUT, ALS DASS ER IHRE WURZELN UNTER DAS MIKROSKOP LEGT!«

Oscar Wilde

DAS GLÜCK
TRÄGT FRÜCHTE

Es fühlt sich gut an, auf dem (richtigen) Weg zu sein. Das gute Gefühl motiviert, diesen weiterzugehen, auch wenn bis zum Einklang einige (gärtnerische) Hürden zu bezwingen sind.

Der erste Schritt ist getan. Super, dann einfach weitermachen. Tun, machen, lassen, abschweifen, beobachten, sich die nötige Zeit nehmen. Im Garten und beim Gärtnern bekommt Zeit noch einmal eine ganz besondere Dimension und Wertigkeit. Stressfaktoren wie Frost, Trockenheit, Staunässe, Schädlinge, Krankheiten, Wildwuchs und viele eher unschöne Gartenereignisse sollten uns nicht vom Weg abbringen, die Dinge entspannter und gelassener zu sehen. Es gilt durchzuhalten, Scheitern als Motivation zu verstehen, geduldig zu bleiben. Der Erfolg (Ernte, Blütenpracht) lohnt jede Durststrecke im Garten, und dank der natürlichen Dynamik sind nur die groben Wegmarken jedes Gartenjahres vorhersehbar.

Das Gespür für Maß und Mitte, für ein ausgewogenes Verhältnis aus Drama und Gala ist naturgegeben. Ein Glücksfall für unser eigenes Glück, denn wäre alles plan- und vorhersehbar, wäre der Weg nicht mehr Ziel, sondern überflüssig, das bewusste Aufblühen, Erleben und Wachsen des Gartenglücks unmöglich.

Körper, Geist und Seele

Gärten sind als Kraftort, Rückzugsraum und Inspirationsquelle gleichermaßen ideal. Selbstverständlich auch zur Selbstverwirklichung und -versorgung. Gärten sind gewachsenes Glück.

Selbst angelegt, arrangiert und administriert sind sie eine wahre Schatzkammer für Körper, Geist und Seele. Eine Oase. Immer wieder neu spannend und erkenntnisreich. Das Erleben der Jahreszeiten: pure Magie. Gärtnern: Weg zum Glück und innerer Balance. Achtsamkeit: Essenz und Summe richtiger, subjektiv getroffener, gärtnerischer Entscheidungen mit positiven Wechselwirkungen sowie konkreter Ursache-Wirkung-Erfahrungen.

Wenn in der Ruhe die Kraft liegt, so liegt im Gärtnern die Kraft zur Selbsterkenntnis. Achtsamer aus Erfahrung. Wenn man sich bewusst macht, dass es zu neuem Selbstbewusstsein primär innerer Bereitschaft bedarf, dann lohnt es sich erst gar nicht, durch äußere Faktoren Zweifel an Sinnhaftigkeit und Erfolgsgarantie des eigenen Weges aufkommen zu lassen. Wenn man offen ist, dann eröffnen sich einem ganz neue Lebenswelten. Gärtnern wirkt ähnlich wie ein ausgedehnter Waldspaziergang. Bewusstseinserweiternd, seelenreinigend. Wann immer man daran gedacht hat, etwas zu ändern, anders zu machen – sollte man es tun. Es tut gut. Gedanken beiseitelegen. Gärtnern.

AUFBLÜHEN

Frühling, endlich Frühling! Die Natur erwacht – und damit die Sinne. Die Zeit der Entbehrungen, des Wartens scheint vorbei. Die ersten warmen Sonnenstrahlen beflügeln Lust und Laune. Jetzt und gleich Ideen umsetzen, Träume verwirklichen, in sich gehen: Der Zeitpunkt im Jahr könnte nicht besser sein. Der perfekte Moment für einen seligen Neuanfang.

AUFBLÜHEN DER SINNE

Das spürbare Auftauen und sichtbare Aufblühen
der Natur nach dem entbehrungsreichen Winter ist
ein unvergleichlich sinnliches Erlebnis!

Keine andere Jahreszeit sorgt für einen umfassenderen Rausch der Emotionen. Das mannigfaltige Aufblühen der Natur, einhergehend mit sich stolz öffnenden Blütenknospen, kraftvoll emporwachsenden Trieben und Zweigen, dem zarten Entrollen frischen Blattgrüns sowie dem sicht- und hörbaren Erwachen der Tierwelt, ist von magischer Kraft. Ein erquickender Impuls für Körper, Geist und Seele. Inspiration paart sich mit Motivation und Schaffenskraft. Der natürliche Lebenszyklus beginnt. Zeit, den eigenen Rhythmus neu zu entdecken.

Aber: Im Rausch der Emotionen sollte man nichts überstürzen. Achtsamkeit heißt auch bewusste Enthaltsamkeit und die Entdeckung der Langsamkeit. Also, nur keine Eile, die Sonne scheint und wärmt auch morgen noch, und der Garten freut sich über ein wenig (bewusste) Vernachlässigung. Außerdem ist es ein gutes Gefühl, mit seinen Gedanken noch einmal abzuschweifen, neue Perspektiven zu entdecken, einen sprichwörtlichen Bogen um das Gartenparadies zu machen, bevor es »ernst« wird und notwendige sowie weniger wichtige Arbeiten warten.

Man sollte sich Zeit nehmen für sich und für den eigenen Garten, einige ausgedehnte Runden durch Natur und Landschaft drehen, um das vielfältige Aufblühen aus nächster Nähe mit allen Sinnen zu erleben.

Mit diesen Eindrücken auf der Habenseite kann es dann unter anderen Vorzeichen – erfüllter, erkenntnisreicher, inspirierter – an das eigene Werk gehen. Ganz konkret heißt das nach dem Winter, den Garten samt Ausstattung Schritt für Schritt frühlingsfit zu machen. Immer mit dem Blick auf Natur und Landschaft, natürliche Prozesse und das eigene Wohlbefinden.

»HAST DU EINEN GARTEN UND EINE BIBLIOTHEK,
DANN HAST DU ALLES, WAS DU BRAUCHST!«

Marcus Tullius Cicero

SPÜRBAR LUST AUF GÄRTNERN

Hach, ist es nicht eine Freude, wenn draußen
wieder Leben einzieht, es frisch grünt und so angenehm
aufregend nach Neuanfang duftet?

Die ersten warmen Sonnenstrahlen sorgen für einen regelrechten Energiekick, die Lust aufs Gärtnern wächst spürbar mit jedem zartgrünen Trieb, sich öffnenden Blütenknospen, von Tag zu Tag. Das Erwachen der Natur ist ein Erlebnis, das immer wieder neu begeistert und für einen ungeheuren Motivationsschub sorgt.

Um den Einstieg in die aktive Gartensaison bewusst und mit achtsamer Haltung zu begehen, sollte man den Dingen noch einige Tage Zeit geben und nur Kleinigkeiten erledigen. Im Vorübergehen sozusagen, bei einem genüsslichen Streifzug durch den wieder lebendiger werdenden Garten. Es gibt viel zu entdecken. Die Spuren des Winters erinnern uns an die naturgegebene Vergänglichkeit und offenbaren in ihrer frostigen Konsequenz ein vorhersehbares Drama mit nachhaltiger Wirkung. Selten gelingt es, den Garten verlustfrei über den Winter zu bekommen. Demgegenüber steht das sinnliche Erwachen, welches die Natur auf ihre unnachahmliche Art und Weise zelebriert. Die wärmende Sonne durchdringt kraftvoll selbst tief verschneite Flächen, öffnet diese sukzessive zum Himmel, ebnet den Weg für das faszinierende Emporstreben willensstarker Frühlingsprotagonisten. Echte Pionierarbeit. Winterling, Schneeglöckchen, Krokusse etc. Wir alle kennen und lieben die ersten Blütenstars

jedes neuen Jahres. Sind die jungen Blüten auch noch so zart und zierlich, für einen regelrechten Rausch an Emotionen sorgen sie allein durch ihr Erscheinen. Wie lange haben wir darauf gewartet? Futter für die Seele.

Die Gartenblume erweist sich als größerer Pionier eines neuen Verhältnisses zwischen Seele und Welt, als wir ahnen. Es gehen unvorstellbare Wirkungen von Gärten und Blumen aus.

So manifestieren sich Glück und Seelenheil für den wegweisenden Gartenpionier Karl Foerster (1874–1970) gleichermaßen im Garten.

TIPP
TRICK 17

Schützen Sie Ihre zarten Triebe und Blütenknospen vor allzu hungrigen Vögeln und Kleinsäugern, indem Sie diesen freimütig einen reich gedeckten Tisch anbieten, denn die Wintervorräte sind langsam und sicher aufgebraucht.

NATUR – ERLEBNIS

Sie haben so lange darauf gewartet – jetzt ist es endlich so weit. Frühling. Die aufblühende Natur in ihrer Frische und motivierenden Energie erwartet Sie. Was für ein Natur-Erlebnis!

Den Frühling muss man erleben. Die spürbare Frische, das Emporstreben frischen Grüns, das Öffnen unzähliger Knospen, das quirlige Erwachen der Tierwelt. Das, was (viel zu) lang unter einer frostigen Schneedecke ruhen musste, blüht jetzt – im Frühling – wieder, oder erstmals und einmalig auf. Sonne, Wärme und Licht lassen die Natur in ihrer Gesamtheit erwachen, ein beeindruckendes Naturerlebnis geschehen. Der sinnlichste Weg, dem neuerlichen »Hoffnungsglück« (aus »Osterspaziergang« von Johann Wolfgang von Goethe) zu begegnen: ein ausgedehnter Frühlingsspaziergang.

Sehen

Das Auge weiß gar nicht, wohin es zuerst blicken soll, es grünt und sprießt buchstäblich an jeder Ecke: Frisches Grün allerorts, sich öffnende Knospen, zartgrüne Blätter, die Form und Kontur annehmen, Gehölze, die sichtbar aufblühen, Zwiebelblumen, die kraftvoll emporstreben, feinkrümelige Erde, die locker durch die Hände rinnt, Vögel und Kleinsäuger, die sich erquicklich nach ein paar schnellen Happen umsehen.

Fühlen

Es regt sich was ... der Boden befreit sich von Frost und seiner winterlichen Schockstarre, es zieht wieder spürbar Leben ein. Das Auftauen des Bodens fühlt sich gut an, der Gang über schnee- und eisfreie Flächen, aus denen sich frisches Grün emporstreckt: reinstes Vergnügen. Die Kraft, Verheißung und Faszination des Frühlings kann man fühlen, indem man (vorsichtig) die noch ganz jungen und zarten Blütenblätter der emporschießenden Frühlingsprotagonisten abtastet und ihre Strukturen erkundet.

Hören

Das stetig lauter werdende Konzert der Wald-Wiesen-Garten-Bewohner sorgt für eine angenehm lebensfrohe Atmosphäre. Allerhand vertraute Geräusche der Gartenarbeit tönen kräftig mit, etwa das Einstechen des Spatens in frisch aufgetaute Erde, das Klicken und Klacken der Gartenschere beim Frühjahrsputz der Stauden, Gräser und Gehölze, bienenfleißiges Töpferücken, das Quietschen der Schubkarre beim Hin- und Hertransport von allerlei Dingen oder auch der Gang durch weiche Erde und über den Wiesenteppich. Dass wieder Leben in den Garten einkehrt, das hört man überall in der Natur.

Riechen

Dieser Duft nach Frische und Neuanfang durchweht jetzt die gesamte Landschaft, ganz unaufdringlich, aber von belebend-berauschender Wirkung für die Seele. Der fein-süßliche Duft frischer Blüten und Blätter im Zusammenklang mit frischer Erde ist die pure Verheißung.

ZAUBERHAFTE SINNESBOTEN DES FRÜHLINGS

MAGNOLIE *(Magnolia x soulangeana)*
Pure Faszination – leider nur von kurzer Dauer!
Wirkt am besten in Einzelstellung und
vor einer blattstarken Kulisse.

PFLEGE Nur altersschwache Äste entnehmen
(sonst nicht schneiden) und der Krone stets
genügend Entfaltungsraum geben; Verdichtung
und Konkurrenz durch wüchsige Stauden
im Wurzelbereich vermeiden.

STANDORT Humus- und nährstoffreiche,
tiefgründig lockere Böden,
geschützte und sonnige Lagen.

TIPP Mitgenommene Blüten ergeben, gut
feucht gehalten, einen schönen Tischschmuck.

VOGELKIRSCHE *(Prunus avium)* Wenn
sie in Blüte steht, sind wir verzaubert und
laben uns an dem Meer nicht zählbarer,
weißer bis zart rosafarbener Blütentrauben.
Die Kirschblüte: Jedes Jahr aufs Neue das
größte Frühlingsglück. Weltweit! Dass Vögel
sie lieben, offenbart bereits ihr Name …

PFLEGE Alte, schwache Triebe entfernen
und gießen; genügend Entfaltungsraum
geben.

STANDORT Sonnige Lagen auf tiefgründi-
gen, locker durchlässigen, sandigen, nicht
zu sauren Böden.

TIPP Kerne für ein selbst gemachtes Kirsch-
kernkissen (z. B. aus Leinen) verwenden.

RHODODENDRON *(Rhododendron catawbiense)* Die aus über 1000 Arten bestehende Gehölzgattung ist in ihrer Vielfalt kaum zu überbieten, die Blütenbälle sind famose »Konstruktionen«. Doch Rhododendren sind anspruchsvolle Wesen, was Standort- und Wuchsbedingungen angeht.

PFLEGE Bei großblütigen Arten abgeblühte Blüten herausbrechen, um neue Blütenansätze zu fördern; regelmäßig gießen und jeweils im Frühling mit Dünger versorgen; nur auslichten, nicht zurückschneiden.

STANDORT Sie benötigen kalkfreien, sehr lockeren, gut humosen und stets leicht feuchten Boden und idealerweise lichten Schatten unter genügsamen Solitärgehölzen, etwa Waldkiefern.

TIPP Die Sorte »Herbstfeuer« blüht im Herbst und im darauffolgenden Frühjahr.

Pflanzen für die…
SEELE

HYAZINTHE *(Hyacinthus orientalis)* Betörend duftige Frühlingsschönheit mit etwa 20 bis 30 Zentimeter Wuchshöhe. Ihre prächtigen Blütenkerzen zeigen sich von Ende März bis etwa Mitte Mai. Wirkt am besten in lockeren, gemischten Kolonien. Ideale Pflanzpartner: Bergenien, Stiefmütterchen, Schlüsselblumen und Narzissen.

PFLEGE regelmäßig gießen, Staunässe vermeiden.

STANDORT Sonnige Lagen auf lockeren, gut durchlässigen, nährstoffreichen Böden.

TIPP Ideal für duftige Frühlingssträuße.

»ES GIBT EINE KRAFT AUS DER
EWIGKEIT UND DIESE KRAFT IST GRÜN!«

Hildegard von Bingen

FRÜHLINGSGLÜCK

Das mannigfaltige und erquickende Aufblühen lässt
uns das naturgegebene Dreamteam, Garten und Glück,
spontan, motiviert und aktiv erleben.

Endlich geht es wieder los, die Last des Winters und das sehnsüchtige Warten auf frisches Grün fällt mit den ersten neuen Blüten des Gartenjahres ab. Ob es nun Blüten sind, für die wir selbst verantwortlich zeichnen, oder Blüten, die ganz natürlich den Weg in unseren Garten gefunden haben, tut dem jungen Frühlingsglück keinen Abbruch. Dass es endlich Frühling ist, zählt. Das Schönste aber ist: Die aufblühende Natur lässt viele negative und uns belastende Gedanken verblassen, denn: Jetzt ist Gartenzeit.

Bevor man aber in Hektik verfällt und überhastet nach Gärtnerutensilien sucht oder vielleicht sogar die nächstbeste Gelegenheit nutzt, um »ganz wichtige Besorgungen« zu tätigen, biegt man noch einmal oder lieber mehrfach seelenruhig ab: in den Garten, so wie der Winter ihn übergeben hat. Dabei lässt sich das selige Abschweifen gleich zu einer objektiven Bestandsanalyse nutzen. Vielleicht sind ja überhaupt gar keine Neuanschaffungen nötig, vielleicht lohnt es aber auch, einmal alles umzukrempeln? Wie haben sich die Nachbereitungen nach dem letzten Gartenjahr und Vorbereitungen auf das neue, soeben in Fahrt gekommene ausgewirkt? Es lohnt sich in jedem Fall, den Garten frühlingsfit zu machen, ein wenig Platz zu schaffen und schon einmal in Tuchfühlung mit Erde und frischem Grün zu gehen. Das Graben und Wühlen, das zeitvergessene »Arbeiten« im Garten, genau das hat man doch vermisst, weil es das ist, was einen erfüllt und zufrieden macht. Also, ran ans Werk. Ob das Tagwerk dabei geschafft wird? Unerheblich. Der Frischekick für den Garten ist auch ein Frischekick für die Seele. In den besten Momenten verschwimmen Alltagsgedanken und die Zeit scheint stehen zu bleiben.

Karl Zwermann, langjähriger Präsident der Deutschen Gartenbau-Gesellschaft 1822 e.V., bringt es auf den Punkt: »Der Garten ist die unerschöpfliche Kraftquelle für Körper, Seele und Geist.« Das gilt genau dann: Wenn wir im Garten sind, uns ganz auf uns und unsere Tätigkeit im Garten einlassen.

TIPP GARTEN IST, …

… was man daraus macht. Wege zum Gartenglück gibt es viele. Wählen Sie einzig und allein den, den Sie aus innerer Überzeugung gehen wollen. Was Ihnen gefällt, gefällt Ihnen, Punkt. Was nicht heißt, dass Sie nicht auch über andere Gartenzäune blicken sollen. Im Gegenteil. Über den eigenen Gartenzaun hinauszuschauen, hilft bei der Geschmacks- und Meinungsbildung ungemein.

DAS GRAS
WACHSEN LASSEN

Ein Segen, wer das Aufblühen von Natur und Landschaft entspannt genießen kann. Das heißt nicht, nichts tun – nur eben das Richtige.

Und jetzt, im Frühling, ist Zeit für Ordnung. Nicht für Disziplin, Sauberkeit und Perfektionismus. Für Ordnung. Gedanken ordnen, den Garten ordnen, Pläne umsetzen, Pläne verwerfen. Spontan und nach subjektivem Empfinden handeln. Die Natur – unser Garten – bietet das ideale Terrain, zum Probieren, Machen, Tun, Lassen.

Kann man dem Drang nach Aktivität eine große Portion Lässigkeit beifügen, es eben auch mal entspannt angehen lassen, dann entspannt sich auch die Sicht auf viele Dinge, die ganz natürlich in Einklang kommen. Auf Kreativität und Laisser-faire setzen anstatt auf Perfektion und »englischen Rasen«, sich auf den natürlichen Zufall und die eigene Intuition verlassen anstatt auf vorhersehbare Arrangements. Man sollte sich selbst vertrauen.

Egal, was die anderen sagen

Für gewöhnlich beginnt im Frühling der große Run auf all die verlockenden Angebote und angesagten Neuigkeiten der Saison. Nein, daran muss man nicht teilnehmen. Das Gartenglück hat jeder für sich in der Hand. Es ist wichtig, sich, auch in Hinblick auf ressourcenschonende Technik, auf dem Laufenden zu halten, sich aber diesbezüglich antizyklisch zu verhalten. Man sollte das Gartenjahr mit der nötigen Entspannung beginnen;

optimale Basis für Achtsamkeit! Während »andere« ihr Nervenkostüm bereits beim Streben nach den besten Angeboten und den allerneuesten Neuheiten strapazieren, kann man selbst noch einmal in sich gehen und sich ehrlich und objektiv fragen, was man im Garten wirklich will. Mehr Natürlichkeit hilft, es lässiger und zufälliger anzugehen, muss aber nicht das unabdingbare Mittel der Wahl sein, um sich selbst in Achtsamkeit zu üben. Allerdings sorgt ein natürlich austarierter Mittelweg für ein Mehr an Zufriedenheit. Welcher im Garten der eigene ist, muss man allerdings selbst herausfinden. Als Orientierungshilfe bieten sich locker natürliche Gräsergärten, Wildobstschönheiten, gemischte Obst-Gemüse-Kräuter-Beete, einjährige Wildblumenwiesen, natürliche Materialien, gewollte »Wildheit«, »alte Steine« etc. an ... Alles, was einem gefällt, tut einem gut.

> »STILL SITZEN. NICHTS TUN.
> DER FRÜHLING KOMMT.
> DAS GRAS WÄCHST!«
>
> *Zen-Weisheit*

JETZT ANS BLÜTENGLÜCK DENKEN

Damit das Glück wachsen, die Saat aus den eigenen Händen aufgehen kann, muss man genau jetzt einige einfache gärtnerische Handgriffe tätigen.

Einige, wohlgemerkt, wenngleich entscheidende. Jetzt legt man die Basis für das gesamte Gartenjahr beziehungsweise kann man buchstäblich noch (oder wieder) Land gut machen. So kurz nach dem Winter benötigt vor allem der Boden eine »Vitaminspritze«, um »fit« zu werden. Tief greifendes Lockern und robustes Umgraben sowie die Entfernung allzu wilden Aufwuchses und eine leichte Düngergabe gehören zu den ersten wichtigen Arbeiten des neuen Gartenjahres. Beetnach- und -vorbereitung ist (fast) alles.

Apropos, jetzt können die allermeisten Stauden und Gräser bis auf ihre bodennahe Basis abgeschnitten werden, vorausgesetzt, der gröbste Frost ist überstanden. Dann darf man auch schon an die Aussaat einheimischer oder zumindest kältetoleranter Gemüsesorten, Kräuterarten und Sommerblumen denken.

Safety first!

Man sollte aber immer im Hinterkopf haben, dass es – zumeist wie aus dem Nichts – noch einmal ernsthaft kalt werden kann. Schäden durch Spätfrost sind zumeist irreparabel. Daher nichts überstürzen und lieber in den Sicherheitsmodus schalten und wenn überhaupt, die Aussaat auf der Fensterbank bevorzugen. Das frostsichere Vorziehen ist ungemein spannend und umwerfend einfach. Ein paar Samen, Anzuchtplatten (oder Gefäße mit geeigneter, nährstoffarmer Erde), gleichbleibende Wasser-, Luft- und Lichtverhältnisse, gelegentliche Kontrollblicke und das Wichtigste: Geduld. Vertrauen auf die eigenen Fähigkeiten, den grünen Daumen, und sich in Geduld üben. Das Gartenglück arbeitet, nach ein, zwei Handgriffen von selbst. Der Moment, in dem man das Ergebnis der eigenen Arbeit – zarte Keimlinge, die zu Jungpflanzen heranwachsen – sieht, ist magisch. Nun heißt es dranbleiben und den Weg der eigenen Saat weiterverfolgen. Falls man es noch nicht getan hat, dann bietet sich während des Wartens auf frostfreie Tage die optimale Gelegenheit, um Gartenhelfer, -werkzeug und -technik einsatzbereit zu machen und zu warten.

TIPP BLÜTENGLÜCK – EASY!

Saatgut besorgen (oder Jungpflanzen, Zwiebeln), Beete und Gefäße vorbereiten (reinigen, Substrat anpassen), Saatgut einbringen (bzw. Jungpflanzen einpflanzen, Zwiebeln stecken), gut angießen und etwas Startdünger beigeben, regelmäßig gießen, Verblühtes entfernen, nur bei Bedarf (schwacher Wuchs, Blattflecken etc.) nachdüngen.

MIT BLUMEN DIE WELT VERBESSERN

Manchmal kann es so einfach sein, Gutes zu tun.
Für sich, für die Vielfalt in Natur und Landschaft.
Alles, was man braucht: Blumensamen.

Bienen und Hummeln haben ein ernstes Problem und man sollte ihnen – und damit uns selbst und unseren Kulturlandschaften – helfen. Mit blütenstarken Einjährigen beziehungsweise Sommerblumen kann man das auf kinderleichte und wunderschöne Art und Weise tun.

Sommerblumen an sich sind ein Insekten- und Schmetterlingsmagnet, und damit ein wichtiger Beitrag für den Artenschutz. Darüber hinaus gibt es jede Menge kurzlebige Wildpflanzen (Bienenfreund, Buchweizen, Klee, Färberkamille), auf die Bienen und Hummeln sprichwörtlich noch mehr fliegen, und die man kennen sollte, um den Tisch für die bienenfleißigen Nektarsammler noch reicher zu decken. Hilfe zur Selbsthilfe, die obendrein auch etwas fürs Auge bietet. Bienen, allen voran Wildbienen, sind für unser gesamtes Ökosystem essenziell: Sie bestäuben unsere Früchte und Pflanzen. Nur so ist der Kreislauf des (Pflanzen-)Lebens überhaupt möglich! Bienen sowie allen anderen »durch Feld und Flur« schwirrenden Insekten zu helfen, ist gar nicht so schwer. Ganz im Gegenteil!

Mehr Natur für Bienen und Co.

Nein, man muss den Garten keineswegs komplett umkrempeln, um einen aktiven Beitrag für den Arten- und Naturschutz zu leisten. Man sollte mit kleinen Schritten und sprichwörtlich »wilden« Ecken anfangen. Mehr Natürlichkeit (abwechslungsreichere Pflanzbilder, einfach mal wachsen lassen, einheimische Arten bevorzugen), weniger zurechtgeschnittenes Grün (Wiese anstatt Rasen, weniger Formschnitt, mehr lockere wachsende Gehölze), mehr einheimische Wild-, anstatt hochgezüchtete Showpflanzen (einfache Blütenformen, duftende Arten), Laub über den Winter liegen lassen, auf torfhaltige Erden/Substrate (Komposterde!) und Gift verzichten (Mischkulturen, Nützlinge usw.), mehr Quartiere und Unterschlupfmöglichkeiten für Insekten ... viel mehr braucht man gar nicht zu tun.

> »DAS LEBEN ZEUGT BLUMEN UND BIENEN. BLUMEN, DAS SIND DIE SCHÖPFERISCHEN GEISTER, UND BIENEN DIE ANDEREN, DIE DARAUS HONIG SAMMELN!«
>
> *Christian Morgenstern*

SÄEN UND BLÜHEN

Trauen Sie sich, es kann nichts schiefgehen! Eine Wildblumenwiese steigert den Glücksfaktor ins Unermessliche. Glücksformel: Wenn Sie locker aussäen, regelt den Rest die Natur.

Einfach die entsprechenden Samen auf sonnigen Wiesen locker auswerfen und mit dem ersten Aufwuchs mit Rasenmäher/Sense gestalten (Streifen, kreisrunde Formen usw.). Sind später im Jahr alle Blüten leer gesaugt und die Pflanzen im Niedergang begriffen, dann kommen wieder Rasenmäher oder Sense zum Einsatz, um erneut Kultur zu machen. Wenn man es beim Wegräumen des Schnittgutes nicht allzu pedantisch meint, dann hat man schon die halbe Miete fürs nächste Gartenjahr, denn die allermeisten Pflanzen sind überaus fleißig in puncto Selbstaussaat.

Bienenfleißig

Im Sommer, wo es sprichwörtlich an allen Ecken blüht und duftet, finden Bienen und Hummeln zumeist ein umfangreiches Nektarmenü vor. Selbst die wählerischsten unter ihnen haben dann garantiert ihre Lieblingsblüte. In der Zeit vor und nach dem großen Blühen kommt es aber sehr oft zu regelrechten »Engpässen«. Das ist die Chance! Mithilfe von expliziten Frühlingsblühern (z. B. Viola x wittrockiana) und Zwiebelpflanzen (Hyazinthen, Narzissen, Wilde Tulpen etc.) sowie spät- und ausdauernd blühenden Arten (z. B. Tagetes, Zinnien) lassen sich die Versorgungslücken mit – für Mensch und Tier – attraktiven Arten problemlos schließen. Man sollte Arten/Sorten mit ungefüllten Blüten bevorzugen, denn diese bieten deutlich mehr Nektar und Pollen feil als gefüllte.

Um Wildbienen, Schmetterlingen und Co. zu helfen, muss es kein weitläufiger Naturgarten sein. Auch ein, zwei explizit als »Bienenweide« deklarierte Töpfe/Kübel sind ein nützlicher und attraktiver Beitrag zum Artenschutz. Am einfachsten sind »gebrauchsfertige« Samenmischungen oder »Samenbomben«, aus denen in Windeseile ein kunterbuntes Potpourri erwächst. Am besten sind aber selbst gesammelte Samen heimischer Wildpflanzen oder entsprechende vorkonfektionierte Samentüten regionaler Anbieter. Damit bietet man den Insekten die bestmögliche Nahrungsquelle und verhindert gleichfalls, dass sich Arten ausbreiten, die sich ungünstig auf die etablierte Flora auswirken. Aktiver Naturschutz. Sehr zu empfehlen: Kräuter, z. B. Dill, Zitronenmelisse, Portulakröschen, Schnittlauch, die Mensch und Tier munden – eine echte Win-win-Situation.

TIPP

ERSTER KRÄUTERSCHWUNG

Einheimische Küchenkräuter wie Petersilie, Fenchel und Schnittlauch können jetzt, vorausgesetzt der winterliche Frost ist nicht mehr allzu extrem, am besten unter einer Folie, bereits ins Freiland gesät werden. Je lockerer und luftiger der Boden, desto besser sind Belüftung, Nährstoff- und Wasseraufnahme.

»BLICK IN DIE SCHÖNE NATUR UND
BERUHIGE DEIN GEMÜT!«

Ludwig van Beethoven

EIN ORT, AN DEM MAN SICH WOHLFÜHLT

Ausruhen, entspannen, Seele baumeln lassen.
Jeder Garten benötigt einen Lieblingsplatz,
einen Seelenort.

Wer diesen Ort noch nicht gefunden hat, sollte sich auf die Suche machen. Das ist weit weniger schwer, als man denkt. Damit aus einem »normalen« Sitzplatz ein Lieblingsplatz wird, muss man vor allem in die Atmosphäre und Behaglichkeit investieren. Das Gefühl, am richtigen Ort zur richtigen Zeit zu sein, wird sich nur einstellen, wenn man es sich im Garten so einrichtet, dass sich auch die Seele wohlfühlt.

Man sollte sich mit allerhand schönen Dingen umgeben, die einen inspirieren und einem ein vertrautes Gefühl geben. Wenn man sich geerdet fühlt, dann verblassen Gedanken und die Zeit bekommt eine andere Wertigkeit.

Der Effekt, der allein von passenden Accessoires und schönen, praktischen Dingen ausgeht, ist immens. Ob als Ausdruck des persönlichen Geschmacks, als Erinnerung an tolle Urlaubsmomente, »gesammelte Werke«, in Ehre gehaltene Familienerbstücke: Sie alle bereichern und schmücken, ergänzen und komplettieren, inspirieren und faszinieren. Sie alle geben dem Lieblingsplatz eine besondere persönliche Note. Finden und entdecken kann man kleine, nette Dinge und wahre Eyecatcher quasi überall. Manches schöne Stück fällt einem auch unverhofft in die Hände. Bei einem Spaziergang durch die Nachbarschaft etwa. Weitere gute Quellen: Ebay, Scheunenfunde, Haushaltsauflösungen, Erbstücke, Antik-/Flohmärkte, spezialisierte Onlineshops.

Reizvoll, weil sie eine gewisse Vertrautheit und herzlich-rustikale Note bieten, sind praktische Dinge aus dem bäuerlichen Werkzeugkasten und aus dem einfachen ländlichen Leben. Die Spanne reicht von Milchkrügen über altes Gartenwerkzeug wie Sensen bis zu Wagenrädern oder ausrangierten Transportutensilien (Handwagen, Kutschen-/Traktoranhänger usw.). Ebenfalls geeignet sind »alte Steine«, Kunstobjekte, Pflanzgefäße im »shabby chic« ... Sie werden schnell merken, dass ein »Lieblingsplatz« nicht genügt, um all die schönen Dinge zu präsentieren.

TIPP FARBE MACHT LAUNE

Bringen Sie nach Lust und Laune Farbe in den Garten und streichen Sie z. B. einfach einige Holzlatten in knallig bunten Farbtönen an. Idealerweise passen die Farben zu den Blütenfarben oder zu Rankgerüsten, Pergola, Gartenlaube, Wohnhaus ...

SELBST GEMACHT IST
AM SCHÖNSTEN

Was einen Lieblingsplatz ungemein schmückt und ihm Seele gibt: eine kleine Galerie eigener Kunstwerke (zwei Haken, ein dünnes Stahlseil, ein paar Klemmen: fertig!). Das kann auch eine in losen Abständen wechselnde »Ausstellung« eigener Fotos sein. Was aber unbedingt zu einem Lieblingsplatz gehört, neben einer schönen Kulisse und dem jeweils besten Schutz vor fremden Blicken und übermäßiger Sonne: Sitz-, Verweil- und Verstaumöglichkeiten. Am besten so praktisch und stylish wie möglich. Mit selbst gemachtem Mobiliar kann man das überaus kostengünstig realisieren.

Mit ein wenig handwerklichem Geschick und Gespür für den zeitgemäßen Look lässt sich das Gefühl für die richtigen Dinge am richtigen Platz in die Tat umsetzen. Außerdem: Warum überteuertes Mobiliar kaufen, wenn Selbstgemachtes (-gebautes) doch viel glücklicher macht und oftmals auch länger hält?

Ungewöhnlich schön

Aus Paletten, den praktischen Alleskönnern, kann man sich kostengünstig überaus stylishes Mobiliar, etwa einen coolen Gartentisch bauen. Man muss nur alles gut abschleifen (abhobeln), von einer Palette die unterseitigen Klötze entfernen und unten als Standfüße an die zweite Palette ankleben oder anschrauben und mit ein paar passenden Brettern zu einem stabilen Rahmen vernageln. Für einen guten Stand sollte man am besten einige gut erhaltene Ziegelsteine besorgen und als standfeste »Füße« verwenden. Schließlich alles in der Wunschfarbe (Anthrazit und Weiß wirken modern und angenehm zurückhaltend) streichen.

Obst- und Weinkisten sind solitär oder regal-/schrankartig miteinander verbunden – und vielleicht noch in einer raffinierten Farbe gestrichen – tolle Hingucker. Besondere Sitzgelegenheiten gefällig? Alte, zurechtgesägte und geschälte (ohne Rinde) Baumstämme (farbig wirkt toll!), alte Reifen (genügend groß) mit kreisrunder, hölzerner Sitzauflage. Einfach. Schön!

Ein alter, genügend großer und stabiler Fensterrahmen eignet sich übrigens perfekt für einen interessanten und praktischen Gartenschrank. Einfach mit ein paar stabilen Brettern einen Rahmen an der Rückseite entlang zimmern, für sicheren Stand sorgen (praktisch sind rückseitige Haken/Ösen, um den Rahmen bei Bedarf mit Draht oder Strick zu fixieren) und abschließend in der Wunschfarbe streichen (oder im Originalzustand belassen). Die »Schranktür« ist bereits vorhanden. Ohne Scheibeneinsatz hat man ein ideales Freiluftregal für Kräuter und Co.

> **»GLÜCK ENTSTEHT OFT DURCH AUFMERKSAMKEIT IN KLEINEN DINGEN, UNGLÜCK OFT DURCH VERNACHLÄSSIGUNG KLEINER DINGE!«**
>
> *Wilhelm Busch*

HOCH DAS BEET!

So praktisch wie schön. So multifunktionell
wie ertragreich. Hochbeete sind realistisches Gartenglück
auf engstem Raum. Eine Liebeserklärung.

Hochbeete sind Effizienz, Freiheit, Kreativität und Entlastung in einem. Hochbeete sind die persönliche Unabhängigkeitserklärung in puncto Standort und örtlicher Gepflogenheiten. Eine Einladung zum Probieren und Testen. Hochbeete sind Multifunktionstalente, die keinerlei Multitasking bedürfen. Gärtnern mit Hochbeeten heißt Schicht für Schicht und Pflanze für Pflanze gärtnern, zudem in schonender Körperhaltung.

Wie die Hochbeete von außen aussehen, welche »Designlinie« man verfolgt – irrelevant. Ob die Hochbeete nun aus Natur- oder Betonsteinen, Ziegel-/Klinkersteinen, Stahl oder Holz (Bretter, Bohlen) konstruiert sind, macht man einfach abhängig von seinem Geschmack, den vorhandenen Gartenelementen (für ein stimmiges Gesamtbild) und konstruktiven Erfordernissen (Abmessungen, Statik, Standsicherheit etc.). Ganz primär kommt es auf die inneren Werte – die Befüllung – an! Generell sollte man überlegen, ob man das Hochbeet eher mit Obst/Gemüse/Kräutern oder Blütenglück bestücken will. Im Zweifel einfach ein zweites anlegen … oder man lässt die Natur über die Vorherrschaft im Hochbeet entscheiden. Dann muss man eventuell ein paar Abstriche bei der Ernte machen, aber man hat eine spannende Mischung aus Konzept und Chaos. »Blumen« passen übrigens hervorragend zu Gemüse! Ein Beispiel dafür ist das »starke Team« aus Studentenblumen (Tagetes) und Blatt-/Wurzelgemüsen, die zusammen attraktive und vitale Mischkulturen formen. Bei der Befüllung von Hochbeeten sollte man Folgendes beachten:

Kulturanbau (Obst/Gemüse)

- unterste Lage: engmaschige Maschendrahtgitter oder durchlöchertes Vlies/UK-Folie; an allen Seiten etwa 10 Zentimeter hochziehen,
- bei Bedarf (abhängig von der Bauhöhe): Styropor (schafft Luft; Drainage etc.),
- darauf etwa 40 Zentimeter grob zerkleinerte Gartenabfälle (Staudenschnittgut etc.),
- darüber ca. 15 Zentimeter Grassoden (viereckige, ausgestochene Stücke Grasnarben) mit den Wurzeln nach oben oder noch sehr groben Frischkompost,
- dann etwa 20 Zentimeter Laub,
- wieder etwas Frischkompost,
- abschließend Mutterboden mit etwas Dünger beziehungsweise guter Komposterde.

Zierpflanzung

- unterste Lage: siehe vorstehend,
- bei Bedarf (abhängig von der Bauhöhe): Styropor (schafft Luft; Drainage etc.),
- darauf ca. 15 Zentimeter Kies als Drainage,
- darüber leicht sandiges Erdsubstrat, möglichst neutral und gut humos bis etwa 5 Zentimeter unterhalb der Oberkante des Hochbeetes.

Passt der Schichtaufbau der Befüllung, dann kann es direkt los- und eigentlich nichts schiefgehen. Wer auf der sicheren Seite sein möchte, beginnt die Hochbeetkultur mit »sicheren« Arten, etwa Erdbeeren, Radieschen, Pflücksalaten, Zwiebelpflanzen, einheimischen Kräutern und verschiedenen Sommerblumen.

TOPF FÜR TOPF ZUM GARTENGLÜCK

Topfgärtnern macht glücklich! Und kaum Arbeit.
Das Beste aber ist: Alles ist möglich und mit jedem
selbst bepflanzten Topf wächst das Glück.

Schon ein Topf, ein bepflanztes Gefäß genügt, um den Glücksfaktor positiv zu beeinflussen. Mit überschaubarem Aufwand einen sinnlichen Blütentraum wahr werden zu lassen – Topfgärtnern macht's möglich!

Die größte Schwierigkeit besteht allein darin, sich die Pflanzenwahl nicht allzu schwer zu machen. Das Angebot an »Topfpflanzen« ist kaum zu überblicken, und: wächst stetig. Das ist aber auch reizvoll. Die Motivation, einfach mal etwas auszuprobieren, ist auf Balkon und Terrasse, beim »mobilen Gärtnern« per se überproportional groß. Im Angebot sind beliebt-bewährte Klassiker, kecke Trendsetter, Gartenpflanzen, die sich auch im Topf und Kübel wohlfühlen, kurzlebige, aber beeindruckende Schönheiten, alte und neue Kräuterschätze, wahre Vitaminbomben ... letztlich beschränken »nur« Standort, Platzangebot und der persönliche Geschmack, was am Ende tatsächlich auch in den Topf kommt.

Wichtig für den »Erfolg« ist, dass man auf Qualität achtet: Bei der Wahl der Pflanzgefäße, der Substrate/Erden und aller Arbeitsmittel, aber auch bei den Pflanzen beziehungsweise dem Saatgut, die idealerweise mit Herkunftsgarantie sein sollten. Oder man sammelt sich die Samen der Lieblingspflanzen gleich selbst. Was man dann wie in den Topf bringt, also wie man die jeweiligen Arrangements zusammenstellt, das obliegt dem persönlichen Empfinden. Man kann einem definierten Design-/Farbkonzept folgen oder bewusst auf die Wirkung der »Saisonstars« setzen oder man pflanzt sich den eigenen »Naschbalkon«. Man kann selbst die Faktoren des Gartenglücks in die richtige Richtung lenken. Am besten einfach probieren und loslegen. Topf für Topf. Mehr und größer geht immer. Eventuell eignet sich das, was man im Topf hat, auch besser fürs Freiland, für den Garten? Vielen Topfstars wird es irgendwann schlichtweg zu eng; Zeit für einen neuen Lebensabschnitt. Ein ergreifender Moment, wenn die lange Zeit wohlbehüteten Topfschätze ins Freie dürfen (müssen).

»FANGE NIE AN, AUFZUHÖREN
– HÖRE NIE AUF, ANZUFANGEN!«

Marcus Tullius Cicero

DAS BEKOMMEN SIE LOCKER HIN

Gewusst wie, hilft, sich auf das Wesentliche zu konzentrieren, und dem Glück so vorfreudig wie möglich entgegenzublicken. Der Genuss beginnt dann schon bei der Gartenarbeit.

Einpflanzen, ein toller Moment. Und gewusst wie, macht er mehr Freude. Bevor man loslegt, sollte man einen prüfenden Blick auf die Gartenwerkzeugausstattung legen. Man sollte auf genügend Bewegungsfreiheit achten und in knie-/rückenschonender Haltung auf ebenen und leicht zu säubernden Flächen arbeiten. Größere (schwerere) Gefäße sollten direkt an ihrem späteren Standort bepflanzt werden. Falls man bereits gebrauchte Gefäße bepflanzen möchte, dann diese gut reinigen (Innenseiten), um für Krankheiten/Schädlinge keine Angriffspunkte zu bieten. Einfach mit Wasser und mildem Spülmittel sowie einem robusten Tuch/Schwamm die Oberflächen gründlich säubern.

Töpfe bepflanzen, so geht's

Zur besseren Drainage und damit keine Erde ausgespült wird, die Gefäße mit Tonscherben, größeren Kieseln etc. befüllen; fünf bis sieben Zentimeter sind ausreichend. Bei Bedarf wasserspeichernde Granulate etc. einfüllen oder dem Substrat beimischen. Gefäße etwa bis zu einem 3/4 ihres Volumens locker mit Substrat auffüllen. Pflanzen der Wahl probeweise grob arrangieren, vorsichtig aus den Transportgefäßen lösen und das Wurzelgeflecht mit den Fingern »öffnen«. Die größte Pflanze zuerst ins Gefäß setzen,

weitere gemäß Arrangement darum herumgruppieren. Substrat bis knapp (ca. zwei Zentimeter) unter den Gefäßrand einfüllen, eingesetzte Pflanzen leicht andrücken. Sitzt alles gut und nicht zu eng? Dann ausreichend mit einer feinen Brause wässern – fertig!

Zwiebeln und Knollen

Je nach Art gibt es verschiedene Pflanztiefen, die zumeist dieser Faustregel folgen: Zwiebeln und Knollen sollten mindestens so hoch mit Erde bedeckt sein, wie sie hoch sind, aber nicht mehr als die doppelte Höhe. Auch der seitliche Abstand variiert, sollte aber drei Zentimeter nicht unterschreiten. Die jeweils größten Zwiebeln/Knollen entwickeln sich am besten. Natürliche Selektion.

TIPP

ALLES IST BEPFLANZBAR

Von ausrangierten Badewannen, rustikalen Holzkisten über Metalldosen bis zu Küchensieben: Pflanzen wachsen in jedem Gefäß – da kann man seiner Fantasie freien Lauf lassen. In Teedosen und andere kleine Behälter sollte man kompakte und einjährige Arten pflanzen.

GARTENPRAXIS

Know-how und How-to helfen, Stress zu vermeiden,
Nerven zu schonen, Budget und Zeit zu sparen
und so mehr Zeit für den Genuss zu haben.

In einem ersten Schritt lohnt es sich, die Gartengerätschaften zu checken und alles eventuell
noch Notwendige – in aller Ruhe – zu besorgen.
Dabei sollte man versuchen, die Gänge zu bündeln, um Zeit, Nerven und Ressourcen zu sparen beziehungsweise zu schonen. Wenn man
Dinge online bestellt, was vor allem für speziel-
les Saatgut und Ausgefallenes sinnvoll ist, sollte
man die jeweils nachhaltigste und vernünftigste
Variante wählen. Den Paketboten wegen einer
Gartenschere, die es sicher auch beim Garten-
center ums Eck gibt, kommen zu lassen, ist doch
eher kontraproduktiv.

Sind die Gerätschaften fit, dann folgen die
Pflanzgefäße (für die Frühjahrsbepflanzung),
die so gut wie möglich von »Altlasten« befreit
werden müssen, um Krankheiten/Schädlings-
befall vorzubeugen und die jeweils besten Ausgangsbedingungen für die Pflanzenschätze zu
bieten. Apropos Altlasten: Jetzt ist der optimale
Zeitpunkt, um Beete und Pflanzflächen davon
zu befreien, Gräser und Stauden zu schneiden.
Ist die Frostperiode vorüber, darf man auch im
Freiland (Garten) nach vorn blicken und aussäen, einpflanzen, gärtnern nach Lust und
Laune, nicht ohne jedoch auf eine heftige Spät-
frostattacke vorbereitet zu sein.

DEN BODEN FIT MACHEN

Die Grundlage für Pflanzenglück aller Art ist
guter Boden (strukturstabil, aber locker-luftig;
aufnahmefähig, aber durchlässig; eine hohe
Anzahl bodenaktiver Lebewesen). Sobald der
Boden frostfrei ist, kann man ihn frühlingsfit machen. Die letzten alten Stängel, erste

Unkräuter und die übrig gebliebene Laub-
schicht müssen entfernt werden. Wenn der
Boden komplett abgetrocknet ist (wenn nichts
mehr an den Gartengeräten hängen bleibt),
heißt es lockern, lockern und lockern, am besten tiefgründig mit einem Gruber (»Dreizahn«).
Wichtig: Während dieses Arbeitsganges auch
tief wurzelndes Unkraut (Konkurrenz!) entfernen. Entfernen im Sinne von entsorgen, schließlich soll nicht schon der nächste Windstoß für
allerhand keimfreudigen Samennachschub sorgen. Mithilfe einer Harke wird nun alles wieder schön eingeebnet, und je nachdem, wie
die Ausgangsbedingungen sind, oder ob man
bewusst Einfluss auf die Boden-/Nährstoffzu-
sammensetzung nehmen will (muss), ist jetzt
der optimale Zeitpunkt für bodenverbessernde
Maßnahmen (Düngung mit Hornspänen, Abma-
gerung, Beigabe von organischem Material wie
Herbstlaub, Kalk, Sand etc.). Kurz vorm Einsäen
oder -pflanzen ist es ratsam, die vorgesehene
Fläche mit einem Rechen oder Sauzahn noch
einmal gut oberflächlich zu lockern und dabei
eventuell an der Oberfläche befindliches Material (z. B. unvollständig verrottete Pflanzenreste
vom Kompost) in den Boden einzuarbeiten. Bei
allen Arbeiten sollte man stets auf eine gute
(knie-/rückenschonende) Haltung achten und
sich nicht hetzen lassen. Wenn einem danach
ist, sollte man eine Pause einlegen.

AUFBLÜHEN
für Garten und Glück

AUF DER FENSTERBANK

- Aussaaterde mit einem flachen Brett leicht andrücken, um eine ebene Fläche zu schaffen.
- Samen locker und gleichmäßig über die Fläche verteilen; etwas Sand beimischen.
- Saatgut mit einer dünnen Erdschicht überdecken; mit einem Sieb geht's am einfachsten.
- Alles gut, aber dosiert wässern (Brauseaufsatz verwenden!); Staunässe vermeiden!
- Einzelne Arten/Sorten markieren, um Verwechslungen zu vermeiden und später »richtig« zu pflanzen.
- Abdeckung aufbringen und an einen gleichmäßig warmen Platz stellen.
- Sobald erste Keimblätter zu sehen sind, regelmäßig lüften.
- Kolonien und zu eng stehende Keimlinge vereinzeln (pikieren): Vitale Pflänzchen durch vorsichtige Wurzelteilung in eigene Töpfe verpflanzen.
- Bevor die Jungpflanzen ins Freie können, durch stetiges, stündliches Rausstellen langsam und vorsichtig »abhärten«.

AUSPUTZEN UND SCHNEIDEN

Prinzip und Wirkung ist für die allermeisten Arten identisch: Abgestorbene/kranke Pflanzenteile können (müssen!) immer ab. Verblühtes vor allem dann, wenn Sie Ihre Pflanzenlieblinge zu einer zweiten Blüte anregen wollen (kein Muss!). Gehen Sie beim Schneiden konsequent und mutig vor, denn es kann nichts schiefgehen! Entfernen Sie bereits im zeitigen Frühjahr schwache, kranke und über den Winter erfrorene Pflanzen. Bei vorgezogenen und im Frühjahr ins Beet gebrachten Jungpflanzen lohnt sich ein Einkürzen der Triebe um etwa ein Drittel ... das fördert die Verzweigung, die Pflanzen werden wesentlich kompakter, damit auch standfester. Denken Sie auch an sich und tragen Sie schnittfeste Handschuhe.

WENIGER BLÜHT MEHR

Damit die Saat so aufgehen und sich entfalten kann wie gewollt, ist immer genügend Platz für jedes einzelne Samenkorn vorzusehen. Also, locker-luftig anstatt gehäuft aussäen, und weiträumig anstatt zu eng pflanzen. Die Konkurrenz um Wasser, Nährstoffe und Licht ist während der Keimung immens. Außerdem können Sie sich die Arbeit, zu eng stehende Keimlinge mühsam wieder herauszuzupfen, schlichtweg sparen. Für die jungen Pflänzchen bedeutet jeder Eingriff in die Keimung Stress.

»BLUMEN ANSCHAUEN HAT ETWAS
BERUHIGENDES: SIE KENNEN WEDER
EMOTIONEN NOCH KONFLIKTE!«

Sigmund Freud

ZEIT FESTHALTEN – GARTENTAGEBUCH

Zeit: In der Hektik des Alltags unglaublich wertvoll. Anhalten: unmöglich. Schöne und selige Zeiten festhalten: Sie müssen es nur tun.

Je schöner die Momente, desto schneller scheinen sie vorüberzugehen. Zeit, diese angemessen festzuhalten. Zeit zum Innehalten. Das Führen eines – handgeschriebenen! – Tagebuchs ist eine ausgesprochen ideale Übung, um zu sich zu finden, Dinge ins Gesamtbild einzuordnen, größere Zusammenhänge zu sehen, wichtige und prägende Momente zu fixieren, und – immer wenn einem danach ist – über die eigenen Notizen zu diesen zurückzukehren. Wichtig: Man muss sich Zeit dafür nehmen, sich mit dem, was man aufschreiben will, intensiv beschäftigen. Der Akt des Niederschreibens, wenn die Gedanken aus den Fingern fließen, wirkt befreiend. Alles, was man aufgeschrieben hat, kann man erst einmal gehen lassen. Man ist bereit für neue Ideen und Gedanken, der Kopf wird frei. Zurückblicken, in schönen Erinnerungen schwelgen und durchatmen, nach vorne schauen.

Die schönsten Frühlingsmomente

Der Frühling ist so reich an schönen Momenten und sinnlichen Schönheiten, dass man gar nicht alle notieren und fixieren kann. Das ist auch gar nicht nötig. Zwei, drei beeindruckende und prägende Momente genügen vollkommen, um sich der jüngeren Vergangenheit noch einmal bewusst zu werden. Weil der Frühling, die Natur generell, immer wieder neu fasziniert, werden im kommenden Frühjahr neue, andere, jedoch nicht weniger beeindruckende Erlebnisse und Beobachtungen das Gartentagebuch füllen. Wetten? Zwei, drei getrocknete Blüten oder alternativ schöne Fotos oder Zeichnungen der Lieblingsfrühjahrsblüher sind in jedem Fall ein optimaler Auftakt für ein Gartentagebuch.

TIPP ODE AN DIE FREUDE

Unsere heimischen Singvögel zelebrieren den Frühling auf ihre faszinierende Art: mit einem energisch-fröhlichen Stimmgewirr, vor allem in den Morgenstunden. Einfach nur dasitzen und lauschen genügt, um die Sinne zu berühren. Mit einem guten Aufnahmegerät (oder der passenden App) können Sie diese faszinierende Ode an die Freude festhalten und immer wieder anhören. Herrlich!

WOHIN MIT DER GANZEN ENERGIE?

Es fühlt sich gut an, wenn die eigenen Akkus vollgeladen sind und es nur noch losgehen muss. Der innere Schaffensdrang birgt aber auch Risiken.

Sich zu überfordern, geht leichter von der Hand, als sich zurückzunehmen und seinem inneren Wegweiser zu folgen, den eigenen Sinnen zu vertrauen. Die Hektik unserer Zeit, das Überangebot an Möglichkeiten, überhaupt der Hang zur Überzeichnung der Realität: Sich nur der Dinge anzunehmen, die man mit gutem Gewissen meistern kann, die herausfordern, aber nicht überfordern, setzt Objektivität und Selbstehrlichkeit voraus. Achtsamkeit beginnt an dem Punkt, an dem man die Dinge noch einmal überdenkt, für einen bewussten Moment innehält und erst dann seine Entscheidungen fällt.

Maß halten und Balance wahren

Die Energie, die uns im Frühling durchfließt, in die richtigen Gedanken, Handlungen und Gartenprojekte zu leiten, erfordert eine Neuausrichtung der inneren Haltung, die nicht selten von äußeren Faktoren (negativ) beeinflusst wird. Der islamische Mystiker Rumi, der stets auf der Suche nach Harmonie mit sich und dem Universum war, präzisierte das sinnstiftende Motto »Carpe diem« (lateinisch für »Genieße den Tag«), indem er den Tag an sich als »Wirklichkeit und Wahrheit des Lebens« ansah.

Die Essenz für uns Gärtner: Das, was wir heute machen können, sollten wir tun. Mehr nicht. Energie bündeln und bewusst einsetzen. Maß halten. Den Blick in die Zukunft – auf die vielen, noch zu erledigenden Punkte auf der To-do-Liste – so gut es geht sein lassen. Eines nach dem anderen. So lässt sich die innere Balance über den Tag hinaus erhalten.

»DIE SEELE LIEBT IN ALLEN DINGEN DAS DISKRETE MASS. DESHALB SOLL SICH DER MENSCH IN ALLEN DINGEN SELBST DAS RECHTE MASS AUFERLEGEN!«

Hildegard von Bingen

GÄRTNERN TUT GUT

Gartenarbeit ist Ihr Geheimrezept, um Körper, Geist und Seele in Schwung zu bringen. Passen Sie Umfang und Tempo Ihrer Stimmung an, dann macht Gärtnern rundum glücklich.

Und gesund. Herzgesund, wie ein schwedisches Forscherteam in einer Langzeitstudie heraus- fand. Schon etwa 20 Minuten normale Gar- tenarbeit lassen das Herz-Kreislauf-System in Wallung geraten, ohne es zu belasten. Das hält das Herz gesund, regt den Stoffwechsel an und »macht den Kopf frei«. Entspanntes Gärtnern ist ein wahrer Stresskiller und ruft gleichzeitig über- proportional viele Glücksmomente hervor. Ähn- lich wirkungsvoll und vom Glücksfaktor mindes- tens ähnlich: ein ausgedehnter Waldspaziergang. Wenn man sich dabei noch auf die Suche nach Pilzen oder Wildobst macht, dann wird daraus ein wahrlich sinnliches Erlebnis.

Entdeckung der Langsamkeit

Die kleinen Alltagsfluchten, und das ist fürwahr die bewusste Zuwendung zum Garten und sei- nen »Bewohnern«, helfen Körper, Geist und Seele in einem kaum erfassbaren Maß, jedoch wis- senschaftlich nachweisbar. Sie tun einfach gut. Rundum und nachhaltig. Nicht die Frage nach dem Ob, sondern nach dem »Wann endlich?« ist die einzige, die man sich in diesem Zusammen- hang stellen muss. Die intensive Beschäftigung mit der Natur im Ganzen und ihren untrennbar miteinander verwobenen Bestandteilen ist durch Gärtnern, komprimiert auf den Mikrokosmos Garten, besonders erkenntnisreich. Alles ergibt einen Sinn, bedingt sich, wirkt gegenseitig auf- und miteinander. Wir können eingreifen, diri- gieren oder »nur« Zaungäste sein. Das Gefühl, es (das Gartenglück) selbst in der Hand zu haben,

führt zu emotionalen Hochgefühlen. Dass es in der Natur, so spontan und überraschend sie sich auch zeigen kann, stets etwas länger dauert, bis das Bild stimmt, führt wiederum zur Entdeckung der Langsamkeit. Die Erkenntnis, dass die aller- meisten Dinge einfach ihre Zeit, und vielleicht auch ein, zwei Umwege benötigen, ist befreiend. Mit Hektik und Stress kommt man beim Gärt- nern nicht ans Ziel. Mit Geduld und Konzentra- tion schon. Eine Oase braucht Zeit.

SEELENORTE FINDEN

Wenn der Wohlfühlfaktor stimmt, dann
stimmt auch das Gefühl. Schon Kleinigkeiten sind
wahres Seelenfutter. Appetit bekommen?

Zuhause ist, wo mein Garten ist.« Wenn man das beim Gedanken an den eigenen Garten empfindet, dann hat man – in seinem Garten – alles richtig gemacht. Wenn das Gefühl stimmt, fühlt man innere Überzeugung und ist zufrieden. Das geschieht im Garten immer dann, wenn dieser nicht nur schön, sondern auch Ausstrahlung und Charakter besitzt, einem Vertrautheit und Geborgenheit bietet, ablenkt, inspiriert, motiviert, fordert sowie umgarnt.

Gewiss, wir alle empfinden anders, denken bei Gärten teils in verschiedene Richtungen, sind von ganz unterschiedlichen Facetten und Aspekten berührt. Dennoch: intuitiv wissen und fühlen wir, was uns guttut, empfinden dabei sehr oft dasselbe, lassen uns von ganz ähnlichen Dingen in den Bann ziehen. Einer Baumschaukel etwa.

Sofort ist es da, das gute Gefühl. Ganz automatisch zieht es uns auf die Schaukel; das unbeschwerte Schweben (Schaukeln) über den Dingen muss man selbst erleben. Dieses aktive Element fördert wahre Glücksgefühle zutage. Wir gehen in den Garten, um zu gärtnern, aber auch, um uns hängen, uns schweben zu lassen. Beides möglichst aktiv – und selbstbestimmt, nach dem eigenen Rhythmus. Teresa von Avila formulierte es einst so: »Man muss dem Körper Gutes tun, damit die Seele Lust hat, darin zu wohnen.« Ausarbeitung, die obendrein der geistig-seelischen Entspannung dient: Besser kann man seine Zeit (im Garten) nicht nutzen (erleben).

Sicher, die Voraussetzungen für eine einladende Baumschaukel finden sich (leider) nicht in jedem Garten, jedoch bieten sich noch allerlei weitere Dinge zur Ausschmückung oder -gestaltung proaktiver Seelenorte an. Hängematte, Windspiel (selbst gemacht), Barfußpfad, selbst gemachte Wege durch Wildblumenwiesen, Bauern-Blumen-Kräuter-Garten, Wassertretbecken, Baum-Sitz-Bank, Wasser in all seinen Facetten … alles, was die Seele in ihrer Tiefe berührt, einen einlädt, sich und den Moment bewusst zu erleben, ist wahres Seelenfutter.

»DENKE IMMER DARAN,
DASS ES NUR EINE WICHTIGE ZEIT
GIBT: HEUTE. HIER. JETZT!«

Leo Tolstoi

DER FRÜHLING

Fühlen, sehen und spüren Sie es auch? Draußen wird's – endlich wieder – grüner, lebendiger, wärmer. Geduldig zu warten lohnt sich. Der beste Beweis: die aufblühende Natur.

Lust auf einen kleinen Frühlingsspaziergang mit großartigen Entdeckungen? Dann einfach loslaufen: in die (wieder) aufblühende Landschaft oder direkt in den Garten, der sich jetzt so zart und unverfälscht wie selten präsentiert. Alles duftet frisch und neu. Der Neuanfang nimmt seinen natürlichen Lauf. Sinnliche Schönheit. Sprösslinge recken sich zum Himmel, Knospen öffnen sich zur Sonne, dazu ein angenehmes Vogelstimmengewirr, überhaupt dieser verheißungsvolle Duft. Sehnsucht wird Wirklichkeit.

Das behutsame Erwachen von Natur und Landschaft – Erweckung der Sinne. Frühling, ein Sinneserlebnis, das in all seinen Facetten den inneren Drang nach Licht, Wärme, Farbe und Vielfalt, die Lust am und auf das Leben widerspiegelt. Wahrlich beeindruckend sind blühende Wildkrokus- und Streuobstwiesen. Zumeist genügt es aber schon, wenn sich die ersten Blütenblätter der Frühjahrsklassiker, etwa Tulpen, Hyazinthen, Blaustern und Veilchen peu à peu entfalten und sich bereitwillig zur Schau stellen.

»FRÜHLING LÄSST SEIN BLAUES BAND
WIEDER FLATTERN DURCH DIE LÜFTE;
SÜSSE, WOHLBEKANNTE DÜFTE
STREIFEN AHNUNGSVOLL DAS LAND.
VEILCHEN TRÄUMEN SCHON,
WOLLEN BALDE KOMMEN. – HORCH,
VON FERN EIN LEISER HARFENTON!
FRÜHLING, JA DU BIST'S!
DICH HAB' ICH VERNOMMEN!«

Eduard Mörike (aus »Er ist's«)

»VOM EISE BEFREIT SIND STROM UND BÄCHE
DURCH DES FRÜHLINGS HOLDEN, BELEBENDEN BLICK.
IM TALE GRÜNET HOFFNUNGSGLÜCK.
DER ALTE WINTER IN SEINER SCHWÄCHE
ZOG SICH IN RAUHE BERGE ZURÜCK!«

Johann Wolfgang von Goethe (aus »Osterspaziergang«)

GENIESSEN

Sommer: der Höhepunkt des Garten-
jahrs und ein strahlend buntes Fest
der Sinne. Die Wärme ist nicht nur
in Natur und Landschaft zu spüren.
Alles scheint einfacher und leichter,
die Sinne geschärft, die Wahrnehmung
des eigenen Ichs positiver. Die innere
Bereitschaft noch einen Schritt weiter auf dem Weg zur Achtsamkeit zu
gehen, ist spürbar; welch Hochgefühl!

LEICHTIGKEIT DES SEINS

Sommer ist pure Leidenschaft und Lebenslust. Die durchdringende Kraft der Sonne erwärmt nicht nur Natur und Landschaft, sondern auch Gemüt und Herz.

Sommerzeit, schönste Zeit. Die Leichtigkeit des Seins ist spür- und sichtbar. Unbeschwertheit bestimmt die Atmosphäre. Laue Sommernächte, eine quirlige Fülle an Farben und Düften, ein mannigfaltiges Treiben an allen Ecken: Auch der Natur merkt man irgendwie an, dass im Sommer all die schönen Dinge zu einer beeindruckenden Galavorstellung zusammenkommen, man schon beim ersten Blätterfall sehnsüchtig auf den nächsten Sommer wartet.

Bevor wir aber mit unseren Gedanken schon wieder gen Zukunft blicken, verweilen wir lieber noch so lange wie möglich im Hier und Jetzt, genießen die Unbeschwertheit sommerheißer Tage, lassen uns von der Urgewalt kräftiger Hitzegewitter faszinieren – und genießen.

Gärten präsentieren sich jetzt in einem nahezu fertigen Zustand – alles ist üppig grün und unzählige stolze Sommerschönheiten kämpfen um Aufmerksamkeit. Ja, es ist Showtime! Zurücklehnen und genießen. Stimmt die Wasser- und Nährstoffversorgung, hat man seinen Teil zur lebensfrohen Sommergartenkulisse bereits getan. Der natürliche Rhythmus und die Laune der Natur bestimmen dann automatisch, was wann und wo zu tun – und zu lassen ist. Jetzt, im Sommer darf gerne auch einmal nur gestaunt werden.

Also: Die Seele baumeln lassen ob der schönen, unbeschwerten Gartenmomente und keine Gedanken an all die Dinge verschwenden, die (nicht nur) im Garten noch zu erledigen sind. Die Zeit der Nach- und Vorbereitung des Gartens ist Zukunftsmusik, zudem ist es für die meisten Arbeiten jetzt viel zu heiß. Schließlich wollen all die liebevoll angelegten, schattigen Plätzchen aufgesucht werden, die nur für spontane Streifzüge durch die knallbunte Blütenpracht verlassen werden müssen. Barfuß über den flauschigen Rasenteppich. Herrlich!

»WENN DU GLÜCKLICH SEIN WILLST, UMGIB DICH MIT BLUMEN!«

Japanisches Sprichwort

QUELLE DES GLÜCKS

Sommer ist mehr als der blütenstarke Höhepunkt
des Gartenjahres. Es ist ein positives Grundgefühl,
das einem Kraft und Motivation verleiht.

Die Vielfalt in Natur und Landschaft ist jetzt am größten, es kreucht und fleucht quirlig in allen Ecken des Gartens. Eine Wonne. Ergreifend und die Seele berührend ist der Moment, wenn mithilfe der kräftigen Sommersonne die Saat des Frühlings aufgeht, sich Sommerblumenschönheiten gen Himmel recken. Oh, du glückliches Gärtnerherz! Nun heißt es dranbleiben, also je nach Großwetterlage gießen, die Nährstoffversorgung prüfen, hin und wieder den Boden auflockern und gelegentlich nach dem Rechten schauen. Gelegentlich.

Quasi überall, wo wir hinblicken: Es blüht und blüht und blüht. Garten, Natur und Landschaft sind von einem properen Leben erfüllt. Dieses Herumwuseln ist ansteckend, erzeugt eine positive Grundstimmung. Fürwahr, es mangelt nicht an kleinen bis winzigen Plagegeistern …

Leben und leben lassen

Achtsamkeit bedeutet Achtung (Hochachtung!) und Rücksichtnahme auf andere sowie auf unsere Umwelt mit all ihren Bestandteilen und Bewohnern. Auch wenn sie klein sind und jetzt im Sommer zu gewissen Tageszeiten aufdringlich bis lästig: Es gibt keinen Grund, ihnen Abneigung und Missachtung entgegenzubringen. In der Natur ergibt alles einen Sinn, der Kreislauf des Lebens hält das Ökosystem zusammen. Aus einer Mücke sollte man kein Drama machen, und aus Schnecken oder anderen hungrigen Plagegeistern auch nicht. Okay, sie strapazieren das Nervenkostüm jedes Gärtners. Aber, es gibt immer eine Lösung,

und wenn man dem Problem nicht so viel Bedeutung beimisst, dann fängt die Lösung bereits an. Man sollte versuchen, die Vielfalt im Garten zu erhöhen, bewusst »wilde Ecken« für »wilde Tiere« anzubieten, und nur im Notfall (im Notfall!) zu Notfallmaßnahmen greifen.

TIPP

MORGENSTUND HAT …

… Gold im Mund. Das Erwachen des Gartens in den ganz frühen Morgenstunden, wenn die Böden und Pflanzen noch von nächtlicher Feuchte überzogen sind, zu erleben, hinterlässt bleibende Eindrücke. Man wird erstaunt sein, wie aktiv die Tierwelt bereits ist – lange bevor wir Menschen für gewöhnlich aufstehen. Spannend und erkenntnisreich!

NATUR – ERLEBNIS

Erst vorsichtig und zart, dann mit berauschender Intensität. Der Werdegang des Frühlings ist Sehnsucht, träumerisches Schwelgen und sinnlicher Überschwang in einem.

Wenn alles durch und durch grünt, sich die opulenten Blütenstars zielstrebig in die Höhe recken, es quirlig summt und brummt, der Garten verheißungsvoll nach wohlfeinen Blüten, aromatisch-würzigen Kräutern und verführerisch süßem Beerenfrüchten duftet, es einen nur noch raus ins Grüne zieht, die Gedanken vor der lebensfrohen, kunterbunten Kulisse wie von selbst in den Hintergrund treten, dann ist: Sommer. Genuss trifft auf Lebenslust, Laisser-faire auf natürliche Konsequenz, auszehrende Hitze auf ausgiebige Regengüsse, Verheißung auf Niedergang. Sommer ist elementare Energie, ein positiver Impuls für Körper, Geist und Seele.

Sehen

Was sich im Frühling noch zart und sanft präsentierte, wächst mithilfe der Sonnenkraft zu wahrlich stattlicher Größe; ein kunterbuntes Meer an Blüten überzieht den Garten und die Landschaft ist eingefärbt von sattem Gelb, betörendem Rot oder elegantem, weiß getupftem Violett.

Fühlen

Sonnenheiße Steine, angenehm warmes Holz, pitschnasse Rasenflächen nach einem erfrischenden Sommerregen: Wenn man barfuß geht, dann geht man auf Tuchfühlung mit dem Sommer.

Hören

Es summt, es brummt, es schwirrt: Die Leichtigkeit des Seins ist hörbar. Auch das allgegenwärtige Wuseln im Garten, die sommerliche Geräuschkulisse des Draußenlebens generell ist weithin und aus allen Richtungen vernehmbar. Das Mähen des Grases, der Schnitt von Hecken, das Herumwerkeln an alten und neuen Projekten, ein kunterbuntes Stimmgewirr ... überdies das Plätschern von Wasserspielen, Herabprasseln von Gewitterregen oder vielleicht auch das Toben im und durch (erfrischendes) Wasser. Dass Sommer ist, das hört man. Wenn man jetzt noch die Augen schließt, dann gehört dieser erquickende Moment einem selbst. Hören – und abtauchen.

Riechen

Frisch gemähtes Gras, sommergetrocknetes Getreide, die süßliche Verführung der Rosen, die aromatisch-würzige Kräutervielfalt, die Frische nach einem Sommergewitter, der verheißungsvolle Duft nach reifen Früchten: Der Sommer ist ein besonders duftiges Vergnügen.

ZAUBERHAFTE SINNESBOTEN DES SOMMERS

ROSEN *(Rosa)* Rosen, die duftigen Allstars müssen sein. »Die Königin der Blumen« will erobert, gehegt und gepflegt werden – dann pflegt sie verlässlich unsere Seele. Starten sollte man mit bewährten Klassikern, am besten mit prämierten Sorten, experimentierfreudiger wird man von alleine …

PFLEGE Das A und O ist die gleichmäßige Nährstoff-/Wasserversorgung (düngen) und gelegentliches Auslichten über den Sommer sowie ein Rückschnitt im Spätherbst/Winter.

STANDORT Sonne bis lichter Schatten; tiefgründig lockere, kalkhaltige, sandig-lehmige Böden; luftige Lagen (nicht vor Mauern/Wänden pflanzen).

TIPP Robuster, widerstandsfähiger, anspruchsloser, duftiger, stachliger, deutlich beliebter bei Vögeln, Insekten und Kleinsäugern, sind Wildrosen.

HIMBEERE *(Rubus idaeus)* Hm, lecker! Himbeeren sind ein sinnliches Erlebnis: im Sommer abpflücken und wegnaschen! Auch perfekt, um allerhand leckere Dinge mit der markanten, süß-saftigen Himbeernote zu kreieren (Marmelade etc.).

PFLEGE Wichtig ist die stete Wasser-/Nährstoffversorgung, sonst reifen die Früchte schlecht aus; ab einer gewissen Höhe »unter die Arme greifen«; Ruten nach der Ernte bodennah kappen.

STANDORT Kalkfreie, gut humose und tiefgründige Böden in sonniger Lage

TIPP Erdbeeren oder Himbeeren? Beide! Und zwar in einer Pflanze. Die Erdbeer-Himbeere (Rubus illecebrosus), am besten in der köstlichen Sorte »Asterix« bietet die Essenz beider Früchte.

ECHTER SALBEI *(Salvia officinalis)*

Duftig-würziger Kräuterklassiker mit hohem Gesundheitswert und sinnlicher, violetter Blüte (Juni bis August) sowie etwa 35 bis 70 Zentimeter Wuchshöhe. Über Stecklinge überaus einfach zu vermehren. Die aromatisch-würzigen Blätter des Echten Salbeis (auch Küchensalbei) können das ganze Jahr fortwährend geerntet werden. Ob frisch, als Tee, getrocknet oder in Butter ange-braten: Sie sind immer ein – gesunder – Genuss!

PFLEGE Zur Erhaltung der Vitalität jedes Jahr im Frühling konsequent zurückschneiden und mit etwas Komposterde düngen.

STANDORT Sonnig, sandig-lehmige, gut durchlässige, nicht zu feuchte und zu nährstoffreiche Böden.

TIPP Den Wurzelbereich über den Winter dick mit Laub/Reisig einpacken, um starken Frösten zu trotzen.

Pflanzen für das…
GLÜCK

SOMMERBLUMEN

Welche der unzähligen Sommerschönheiten soll's denn sein? Am besten ein buntes Potpourri an Samen (Klassiker und Trends mischen) besorgen und einfach munter aussäen, dann abwarten, beobachten und die lebensfrohe Farben- und Formvielfalt genießen. Kapuzinerkresse *(Tropaeolum)* wird einen garantiert nicht enttäuschen.

PFLEGE Etwas Startdünger und regelmäßige Wasser-gaben, vor allem bei Hitze; ausputzen verlängert die Blütezeit merklich!

STANDORT Die allermeisten Sommerblumen mögen normale, lockere und gut durchlässige Böden und: volle Sonne

TIPP Mit Sonnenblumen hat man gleich das beste Vogelfutter parat. Sonnenblumenkerne frei Haus! Die Körnerernte beginnt, wenn die Blütenköpfe sichtbar trocken werden, dann so gut wie möglich vor Nässe schützen und mit dem Ablesen ranhalten.

»DIE WIRKLICHE ENTDECKUNGSREISE
BESTEHT NICHT DARIN,
NEUE LANDSTRICHE AUFZUSUCHEN,
SONDERN DARIN, MIT
NEUEN AUGEN ZU SCHAUEN!«

Marcel Proust

SPONTANE LUST AM PROBIEREN

Die Lust an Neuem, etwas einfach mal auszuprobieren,
weil es einem in den Sinn kommt, hält uns jung und aktiv.
Warum warten – machen!

Probieren, geht über ... richtig, und macht spontan glücklich. Im Falle von köstlich-schmackhaftem Obst und Gemüse sogar noch fit und buchstäblich kerngesund. Selbst gärtnern macht glücklich, und Aussaat und Co. sind leichter, als man denkt. Einfach mutig loslegen.

Die größte Hürde besteht darin, sich ein Herz zu nehmen und loszulegen. Heutzutage sind Pflanzen und das entsprechende Drumherum (Werkzeug, Materialien, Hilfsmittel etc.) so einfach und in kaum zu überblickender Bandbreite erhältlich, dass es sich – auf den ersten Blick – gar nicht zu lohnen scheint, von A (Anzucht) bis Z (Zusammenrechen von Schnittgut) selbst tätig zu werden. Doch genau anders herum wird Gartenglück daraus!

Der Gartenglücksfaktor, wenn die eigene Saat aufgeht, zu stolzen Gewächsen heranwächst und dann freimütig gleich das Saatgut fürs nächste Jahr mitliefert, kann kaum in Worten ausgedrückt werden. Ein nachhaltig beeindruckendes Erlebnis! Das etwas Mehr an Aufwand und Zeit, das man für 100 Prozent selbst gemachtes Gartenglück benötigt, übertrifft in der Wirkung das, was man im Handel vorgefertigt kaufen kann, um ein Vielfaches, und schafft einen ganz anderen Bezug zum eigenen gärtnerischen Tun. Je mehr man selbst für sein Gartenglück praktisch anpackt, desto intensiver und prägender wird man es erleben. In Zeiten, in denen einem immer mehr (digitale/elektrische) Hilfsmittel, zumindest in der gefühlten Wahrnehmung, unter die Arme greifen, ist es eine echte Wohltat, selbst anzupacken – für Körper und Seele. Aller Anfang ist schwer, aber nirgends sonst gilt das Prinzip Versuch und Irrtum mehr als im Garten.

TIPP GEMÜSELUST?

Zur Selbstversorgung benötigt es zwar mehr als ein paar Kartoffeln, Salate, Tomaten, Bohnen, Karotten, Radieschen und ähnliche, erstaunlich leicht zu kultivierende Gemüsesorten, aber: Allein das Gefühl, sich vom großen Ganzen ein selbst erarbeitetes Stück unabhängig (und fair, bio-/ökologisch sowieso) versorgen zu können, lohnt jeden Aufwand. Damit dieser trotzdem erst einmal überschaubar bleibt, fangen Sie zunächst mit wenigen Arten/Sorten auf kleinen Flächen an. Mehr geht immer.

LUST AUF AROMATISCH-WÜRZIGE KRÄUTER?

Kräuter: ein duftiges Vergnügen und ein Füllhorn an Möglichkeiten. Ob Kräutergarten oder Topfparade: Kräuter sind Balsam für die Seele.

Kräuter. Schon beim Gedanken daran fühlen wir einen Stimmungskick. An sonnenwarmen Tagen verspüren wir erst ihre aromatisch-würzigen Düfte, sehen frisches Blattgrün einerseits, faszinierende, gefärbte Blütenkerzen andererseits, lassen uns etwas selbstvergessen von dem quirligen Insektentreiben um diese in den Bann ziehen, dann sind wir der Kräuterlust ganz verfallen. Ganz zwanglos. Glücklich.

Die Vielfalt an Kräutern ist kaum zu überblicken. Von den Einsatz- und Verwendungsmöglichkeiten ganz zu schweigen. Umso mehr lohnt es sich, sich wenigstens einen kleinen Schwung an Heil-, Würz- und Küchenkräutern zu kultivieren, sich damit selbst zu verwöhnen. Außerdem kann es nie schaden, immer etwas Passendes im Topf für den Topf zu haben.

Am besten klein anfangen, es muss nicht gleich ein eigener Kräutergarten sein. Eine kleine Kräuterecke oder ein paar würzige Töpfe genügen vollkommen, um der Vielfalt der Kräuter zu verfallen. Ergänzen und erweitern kann man immer. Oberste Priorität: Substrat, Licht, Wasser- und Nährstoffversorgung müssen passen. Und, allzu windig sollten Kräuter auch nicht platziert sein. Kälte, erst recht Frost, zu schwere und nährstoffhaltige Substrate/Erden sowie Staunässe sorgen bei Kräutern für mächtig viel Stress.

Weil man sein Glück gern selbst in die Hand nimmt, fängt man lieber ganz klein mit ein paar Samen der Lieblingskräuter an und verzichtet auf das schnelle – aber zumeist sehr, sehr kurze – Glück vorgezogener »Fertigpflanzen«. Es sei denn, man hat die Chance auf Ableger von Freunden, Bekannten, Nachbarn. Mit selbst gezogenen Kräutern ist man von Beginn an dabei, kann seelenruhig beim Wachsen und Gedeihen des Kräuterglücks zusehen. In der Zwischenzeit kann man dann überlegen, wie man die würzigen Naturschätze am besten für sich nutzt, verwertet oder auch haltbar macht.

TIPP

KRÄUTER KONSERVIEREN

Neben den zahlreichen Möglichkeiten, Kräuter frisch zu verwenden (Salate, Tee, Kräuterbutter, Pesto, Bad usw.), können die würzigen Schätze auch relativ einfach konserviert werden. Trocknen, zum Beispiel. Dazu schmale Sträuße mit den Stielen nach oben an einem wind-/wettergeschützten Ort im Garten aufhängen. Auch gut: einfrieren. Möglichst frische und klein geschnittene Kräuter in eine Eiswürfelform geben und mit Wasser auffüllen, dann ab ins Gefrierfach. Bei Bedarf, einfach portionsweise entnehmen.

FREUDE AM WERK

Mit sonnigem Gemüt fällt selbst Gartenroutine leichter.
Erledigt man diese zudem konzentriert und geduldig,
dann blüht nicht nur der Garten auf.

Dabei sollte man immer auch das eigene Wohlbefinden und die eigene Gesundheit im Blick haben. Folgendes sollte man beachten, bevor man loslegt: Der Arbeit und der Witterung angepasste Kleidung samt Schuhwerk tragen, zuverlässige Sonnencreme, Mittel zur Abwehr von Mücken und Co. auftragen, Arbeitsschutzkleidung anziehen, stets genügend Trinkwasser in Reichweite haben, ausreichend Zeit einplanen, bei schweren, gefährlichen und komplizierten Arbeiten helfen lassen, Verschnaufpausen einlegen, und: auf gute Körperhaltung achten. Das ist gar nicht so einfach, gerade wenn man so richtig wühlt und dabei die Zeit vergisst – und zumeist auch die jeweils gesündeste Körperhaltung. Auch wenn es ein wenig Disziplin verlangt, sollte man ab sofort bewusster und konzentrierter gärtnern. Beweisen muss man niemandem etwas. Stattdessen sollte man auf die innere Vernunftstimme hören und dem eigenen Körper nur zumuten, wozu man sich in der Lage fühlt. Auf diesem Weg schafft man letztlich mehr, als wenn Druck und Erwartungshaltung da wären. Ein erstaunlicher Effekt, der darauf beruht, dass Motivation und Kraft aus innerer Entschlossenheit entstehen.

Konzentriert Bahnen ziehen

Ein klassischer Nutzgarten folgt relativ festgelegten Abläufen. Die gärtnerischen Arbeiten wiederholen sich in einem absehbaren Rahmen. Einmal gemacht, einmal gelernt, für immer Bestandteil des Lebens im (Nutz-)Garten. Kulturen wollen (müssen) gepflegt, gewechselt, der Boden so intensiv wie möglich beackert, aufkeimende Konkurrenz in Schach gehalten und der Ertrag am Ende der Saison eingefahren werden. Je achtsamer und sorgsamer man jeden einzelnen Schritt, vom Keimling bis zur erntereifen Frucht, tätigt, desto gesünder und daraus folgend erträglicher wird sich der Nutzgarten entwickeln. Die Erfolgsgeschichte beginnt im späten Frühling mit dem geduldigen, aber zielstrebigen Bahnenziehen mit dem Rechen auf dem Boden und geht mit der Korn-für-Korn-Einsaat direkt weiter ... und beginnt schon bald wieder mit Bahnenziehen.

> »KONZENTRATION UND GEDULD
> WEISEN DEN WEG!«
>
> *Zen-Weisheit*

TAKT UND RHYTHMUS SELBST BESTIMMEN

Achtsamkeit will geübt sein und allzu oft
lässt man sich – von äußeren Faktoren – aus dem
Takt bringen. Konzentration, bitte!

Grundvoraussetzung: Hände weg von Smartphone und Co.! Wenn man quasi auf Knopfdruck etwas für sich und seine innere Ruhe tun will, dann schaltet man die Geräte für die Zeit im Garten einfach aus, legt sie wenigstens aber aus der Hand und aus dem Sichtfeld. Aus dem Auge, aus dem Sinn. Darüber hinaus kann es mit der selbstbewussten Grundhaltung schnell und überraschend vorüber sein. So glückselig das Gärtnern machen kann, so viel kann auch nicht wie gewollt funktionieren. Vom geheimen Wettstreit über die schönsten Blüten und größten Früchte ganz zu schweigen. Aber nicht die anderen zählen, wenngleich ihnen unsere Achtung gewiss ist und wir »den anderen« stets respektvoll gegenübertreten sollten. Unser Seelenwohl liegt in uns selbst.

Drei Buddha-Weisheiten

1. »Wenn du ein Problem hast, versuche es zu lösen. Kannst du es nicht lösen, dann mache kein Problem daraus.«
2. »Verweile nicht in der Vergangenheit, träume nicht von der Zukunft. Konzentriere dich auf den gegenwärtigen Moment.«
3. »Das Glück liegt in uns, nicht in den Dingen.« Und wenn der Nachbar diesen Sommer mehr Erfolg beim Gärtnern hat: Dann soll es so sein. Vielleicht teilt er ja auch seine reiche Ernte …

Je länger, desto lieber

Gartenarbeit muss man fühlen und spüren, dann macht sie richtig Lust. Im Frühjahr durch die Erde zu graben und zu wühlen, das Beet vorzubereiten, kann zu einer echten Passion ausarten. Nicht wenige entwickeln sportlichen Ehrgeiz dabei. Ähnlich ist es mit Routinearbeiten wie Rasenmähen, Hecken- und Gehölzschnitt oder auch dem Trimmen von blütenwilligen Stauden und Ausknipsen von nährstoffhungrigen Gemüsepflanzen.

»DIE PRALLE SONNE AUF DEM RÜCKEN, WÄHREND MAN SICH ÜBER SCHAUFEL ODER HACKE BEUGT ODER BESCHAULICH DEN WARMEN, DUFTENDEN LEHMBODEN RIECHT, IST HEILENDER ALS MANCH EINE MEDIZIN!«

Charles Dudley Warner

NICHTS MACHEN, MACHT NICHTS!

Langfristig ergibt es aber keinen Sinn, den Garten nur sinnierend zu beobachten. Man muss selbst entscheiden, wann und wo es sinnvoll ist zu gärtnern.

Was man den ganzen warmen Sommer über immer tun kann: sich dem Studium des natürlichen Geschehens im Garten widmen. Das quirlige Treiben aus nächster Nähe beobachten, das verwöhnt und schult die Sinne. Man bekommt zudem ein tiefes Verständnis für die Abläufe und Regularien im Garten. Wer, wie, wann, wo? Welcher natürlichen Choreografie folgt der eigene Garten? Durch aktiv studierende Zuwendung zum Garten (und seinen Bewohnern) lernt man ihn neu und überraschend kennen. Alles einmal aus anderer Perspektive und zu anderen Zeitpunkten (vor dem Sonnenaufgang, zu ganz später Stunde) zu erleben, lohnt sich immer. Bessere Vorlagen für schöne Fotomotive kann man nicht finden.

Sich aufs Wesentliche beschränken

Das fällt vor allem im Sommer nicht schwer, so viele gärtnerische Tätigkeiten sind jetzt nicht nötig. Dennoch hilft es ungemein, wachsam zu bleiben, um sich nicht aus der Ruhe bringen zu lassen. Neben einigen korrigierenden Schnittarbeiten steht vor allem die stete Vitalitätskontrolle, sprich das Aufspüren, Erkennen, vor allem aber die Abwehr und Bekämpfung von Krankheiten und Schädlingen auf der Tagesordnung. Hat man altbekannte Übeltäter und Gartenplagen auf-

gespürt, verfällt man nicht in Aktionismus und Panik. Oft liegt es nur an ungünstigen Wachstumsbedingungen (zu trocken, zu feucht, zu viel oder zu wenig Sonne/Licht, Konkurrenz in Beet und/oder Topf, Nährstoffmangel/-überschuss), die sich zumeist rasch und ohne fremde Hilfe verbessern lassen. Für das Wetter indes, und das sorgt nicht zuletzt für so manche böse Überraschung, kann man nichts. Sich das hin und wieder bewusst zu machen, hilft. Wenn es doch den ein oder anderen Pflanzenliebling erwischt hat.

TIPP

SCHNITT HÄLT FIT

Durch Schnitt bleiben die Pflanzenschätze langfristig vital und ertragreich. Gehen Sie motiviert und konsequent zur Sache und überlegen Sie nicht zu lange, ob etwas abgeschnitten werden kann oder doch lieber dran bleiben soll. Mut wird belohnt. Prinzipiell kann Verblühtes, Abgestorbenes/Vertrocknetes und Krankes (sofort!) immer ab; Auslichtungsschnitte halten Gehölze/Sträucher gesund und formschön; Stauden/Gräser am besten im zeitigen Frühjahr bis zur bodennahen Basis zurückschneiden, um gesunden Neuaustrieb und kompakten Wuchs zu fördern.

»WENN MAN GLÜCKLICH IST,
SOLL MAN NICHT NOCH
GLÜCKLICHER SEIN WOLLEN!«

Theodor Fontane

SPONTAN UND LUSTVOLL ANPACKEN

Eigentlich wäre jetzt der optimale Zeitpunkt, den Garten neu zu strukturieren und ein paar schöne Details hinzuzufügen. Genau! Anpacken, jetzt!

Oder zupacken. Gartenarbeit tut gut. Selbstmachen als positive Selbsterfahrung. Erkenntnis- und lehrreiche Feldversuche. Das Gefühl, wenn das erste, selbst angebaute Gemüse erntereif ist, man es packt, um es erwartungsvoll aus dem Boden zu ziehen, und dann (endlich) in den Händen zu halten: einmalig! Es ist das Ergebnis steten Hegens und Pflegens. Achtsamkeit zum Anfassen.

Wenn einem danach ist, sollte man (es) anpacken. Eine neue Wegeverbindung, ein neuer (schattiger) Sitzplatz oder ein »Update« für die Bepflanzung des Gartens … Das, was einem jetzt in den Sinn kommt, kommt nicht einfach so. Man ist bereit, fühlt, dass jetzt der perfekte Moment zum Anpacken ist.

Bei allen Dingen, die man umsetzen will, sollte man das große Ganze sehen und sich immer am gesunden Maß orientieren und am inneren Empfinden. Wenn einem geschwungene Wege aus lockerem Kies/Splitt und Beete ohne allzu straffe Begrenzung am ehesten zusagen, dann sollte man diese so ausführen. Wenn man es geradliniger und konsequenter mag, dann sollte man konsequent bleiben. Was nicht heißt, dass man sich nicht auch vom jeweiligen Gegenteil überzeugen lassen darf. Aber der Garten sollte letztlich die eigene Handschrift tragen und die persönliche Überzeugung wiedergeben.

Futter (nicht nur) für die Seele

Mit überraschend wenig Aufwand zu realisieren und ungemein inspirierend, berührend, faszinierend, lehrreich: Windspiele, Barfußpfade, Vogelhäuser, Insektenhotels, kleine Miniteiche in Fässern/Kübeln, Wildblumenwiese, Kräuterparade im Topf, »grüne Dächer/Vorhänge« mit einjährigen Kletterpflanzen, Arrangements aus gesammelten Schätzen, selbst gemachte Sommersalate aus den Schätzen des Gartens, mit Blumen/Kräutern oder auch mit Obst/Gemüse bepflanzte Kisten, Körbe …

TIPP SINNVOLL GIESSEN

Machen Sie es sich leicht beim großen Sommerthema, versuchen Sie bevorzugt Ihre Pflanzenlieblinge entweder ganz früh oder spätabends, darüber hinaus nur nach Bedarf und Gespür (kaum wasserspeicherndes Substrat, extreme Hitze, wasserdurstige Hortensien zur Blütezeit), durchdringend, ohne Druck in den Wurzelbereich zu gießen. Praktisch und nachhaltig sind Bewässerungsautomatiken (Tropfschlauchsysteme), die individuell eingestellt werden können. Generell ist zu wenig Wasser günstiger als zu viel und Regelmäßigkeit schlägt Aktionismus.

GREIFEN SIE BEHERZT ZU!

Die launigen Blütenträume sind nicht nur zum Anschauen da.
Wenn Sie sich trauen, auch mal einen Schnitt zu machen,
dann eröffnen sich Ihnen ganz neue Genuss-Welten.

Der Anblick des sommerbunten Gartens: eine Wonne in den freudigsten Farben. Eine Wonne ist es auch, sich aus dem Garten »etwas herauszuholen«. Blumen für die Liebsten, für die Vase, als Geschenk, Leckereien für den Sofortgenuss (Beerenobst!) oder zur Komplettierung der eigenen Speisekarte.

In den Garten zu gehen und sich etwas Schönes, Leckeres, Gesundes mitzubringen, macht glücklich und dankbar. Es zeigt die Achtsamkeit gegenüber der Natur, denn nur wenn man sich ihr mit Respekt und Aufmerksamkeit widmet, gibt sie ihre wohlbehüteten Schätze frei. Zugreifen, um zu begreifen. Neben Blumenfreuden frohlocken allerhand Gaumenfreuden, die entweder – von der Pflanze direkt in den Mund – oder nach Zu- und Nachbereitung (Honig, Sommer-Kräuter-Blüten-Salate, Marmeladen usw.) den Glückspegel nach oben ausschlagen lassen.

Köstliche Glücksboten

Wahres Seelenfutter: essbare Blüten. Sie werden überrascht sein, welch reich gedeckten Tisch die Laune der Natur feilbietet. Ein kunterbuntes und zudem vitaminreiches Potpourri erwartet einen. Probieren geht über ... Blütentee/-butter, charmante Salatdekoration, würziges Kräutersüppchen, als stylisches Finish festlicher Menüs oder sogar frittiert (bei ausreichend großen und festen Blüten) ... und das alles mit Blütenschätzen aus dem eigenen Garten, toll!

Das sollte man probieren: Begonie (duftig süße Blüten, ideal für Obstsalate oder zum Naschen),

Gänseblümchen (würzige Suppen-/Salatzutat), Ringelblume (passt immer und überall: Salate, Suppen, Saucen, Kräuterbutter, Tee ...), Malve (süßlich-milde Nascherei/Deko), Dahlie (leicht säuerliche Salatzutat), Studentenblume (überraschend »süße Sünde«), Veilchen (schöne und süßliche Beigabe für Obstsalate), Kapuzinerkresse (knackig, vitaminreich, würzig; perfekt für Salate, Kräuterbutter). Die Blüten immer gut reinigen und so frisch wie möglich verzehren.

> »DASS UNS EINE SACHE FEHLT, SOLLTE UNS NICHT DAVON ABHALTEN, ALLES ANDERE ZU GENIESSEN!«
>
> *Jane Austen*

ALTE SCHÄTZE, NEU ENTDECKT

Altes hat seinen Reiz, Patina wirkt charaktervoll.
Oft genügen schon ein wenig Farbe und das richtige
Arrangement, um aus Alt Neu zu machen.

Von alten Dingen lassen wir uns gern in den Bann ziehen. Sie tragen Geschichten in sich, haben schon etwas erlebt und durchgemacht. Das Altehrwürdige fasziniert uns. Es schafft eine vertraute Nähe und ist sehr oft eine kleine Reise zurück in die Vergangenheit, die eigene Kindheit oder back to the roots, wenn wir »vergessene« Kräuter, Obst- und Gemüsesorten in die Hände bekommen. Für uns sind das Schätze. Schätze, für die bereits jemand gesorgt hat, und für die wir von nun an selbst verantwortlich sind. Schätze, die wir behüten, pflegen, achten müssen. Oft sind es Sensibelchen, die besonderer Zuwendung bedürfen. Dabei spielt es keine Rolle, in welchem Zustand wir sie übernehmen oder auffinden. Wir nehmen sie so, wie sie sind.

Ein kleines Update in puncto Farbe oder Alltagstauglichkeit ist dabei durchaus erlaubt, beim Gros alter Schätze und Fundstücke vielleicht sogar notwendig. Es gilt, das Heute und Morgen gleichermaßen im Blick zu haben und nach den jeweils aktuellen Wertmaßstäben zu gärtnern. Auch alte Pflanzenschätze freuen sich über automatisierte Wassergaben, hocheffektive Schattenspender oder nährstoffoptimierte Substrate.

Jeder hat den ein oder anderen verborgenen »alten Schatz« … vielleicht auch eine »wilde Ecke«, die als Sammelplatz für allerlei »Beson-

deres« dient. Alte Bretter oder Kisten, selbst zerbrochene Töpfe, alte Steine sowieso, ausrangiertes Wohnmobiliar, ausgedientes Werkzeug, alter Kram: Irgendwas passt gewiss in den Garten. Man sollte kreativ sein, das Unperfekte alter Schätze akzeptieren und nicht an alten Dingen festhalten, sondern mit alten Dingen schöne, neue machen. Wege aus bunt ineinander gemischten Resten, Abbruchmaterialien und kunstvollen Mosaiken (aus Fliesenbruch) oder Beeteinfassungen/Hochbeete aus alten Brettern/Ziegel-/Klinkersteinen oder mit etwas Farbe (für den Außenbereich) aufgemotzte Pflanzgefäße, »shabby chic« jeglicher Couleur oder wieder auf Vordermann gebrachte Möbel (Keller-/Scheunenfunde, eBay etc.).

TIPP PATINA SELBST GEMACHT

Den Charme des Alten, »Verlebten« können Sie relativ einfach selbst auf Steine, Töpfe und Holz bringen. Ihre Ausrüstung: Drahtbürste, Kalk, Beize, Sandpapier, Effektlacke. Künstlich altern lassen sich z. B. Terrakottatöpfe, indem Sie diese mit angedicktem Backpulver einstreichen und nach kurzem Einwirken mit einer Kratzbürste nach Belieben wieder entfernen, alles mit Haarspray einsprühen, Klarlack drauf; sieht toll (alt) aus und ist wetterfest.

»WERDE WIEDER WIE EIN STAUNENDES KIND,
DAS DIE WELT ENTDECKT. JEDEN AUGENBLICK NEU.«

Tibetisches Sprichwort

NATÜRLICH SCHÖNES GARTENPARADIES

Ein gemütliches, schattiges Plätzchen oder
ein inspirierendes, spritziges Wasserspiel inmitten
paradiesischer Kulisse oder, oder, oder …

Mit der Natur an der Seite, kein Problem! Man muss der Natur nur stets den Raum und Platz geben, den sie benötigt, um sich (und ihren Zauber) zu entfalten. Die Chance, den Garten in seiner natürlichen Üppigkeit und Blütenfülle zu genießen, sollte man sich nicht durch überzogenen Perfektionismus oder unrealistisches Kalkül (Gärten, die keine Arbeit erfordern etc.) entgehen lassen. Ebenso nicht entgehen lassen sollte man sich das zufriedene Gefühl, wenn sich die heimische Tierwelt in den Garten eingeladen fühlt. Notfalls kann man sie mit »lukrativen Angeboten« locken, etwa über ein schickes Insektenhotel oder eine erfrischende Vogeltränke.

Bei der Ausgestaltung der Gartenoase sollte man stattdessen auf das Gespür und das Gefühl vertrauen. Beides wird einem sagen, was noch nötig ist, um das Bild komplett zu machen, oder was man gar nicht erst benötigt, um gartenglücklich zu sein. Weniger ist wie so oft mehr und lässt mehr Raum für Fügung und Zufall.

Ein Garten, der einem das Gefühl von Geborgenheit und Friedfertigkeit gibt, ist der eigene Garten, der ganz persönliche Rückzugsort – um aufzutanken, (aktiv) zu entspannen, zu sinnieren, zu studieren. Hält er genügend schattige Wohlfühlplätze bereit, hält man es auch in der größten Sommerhitze aus, lässt sich ob der friedlichen Stimmung (erheiterndes Vogelkonzert, quirliges Insektenschwirren, plätscherndes Wasserspiel) vielleicht sogar für ein kleines (ungeplantes) Schläfchen motivieren. Man sollte sich nicht scheuen, alle Fünfe einmal gerade sein zu lassen. Jederzeit, wann immer man will.

Der Sonnenschutz sollte jederzeit, rasch und leicht in Stellung gebracht werden können. Auch wenn man alleine ist! Wichtig: Die Stand- und Wind-Wetter-Regenfestigkeit von Schirmen, Sonnensegeln, begrünten Pergolen etc. besitzt neben der Optik oberste Priorität.

TIPP — WILDE SCHÖNHEITEN

Der Reichtum der Natur ist unermesslich und es gibt Schätze, die wir uns erst bewusst machen müssen. Mit der Natur auf unserer Seite entstehen viel schönere und »stabilere« Gartensituationen. Seele und Charakter gibt es »frei Haus«. Wildblumen/-stauden (»Unkräuter«) und Wildgehölze aller Couleur (allein Wildrosen: herrlich!) sind naturgeben in der Lage, wenn man ihnen genügend Platz und Raum zum Entfalten gibt, ungemein verzückende Bilder entstehen zu lassen. Von sich aus, ganz natürlich. Der Clou: Mit den jeweiligen Standortverhältnissen kommen sie am besten zurecht.

BLÜTENGLÜCK VERLÄNGERN

Prinzipiell muss man jetzt nicht viel tun, außer ein paar wichtigen Routinearbeiten, etwa Gießen und ein Blick auf die Nährstoffversorgung.

Über den Sommer steht und fällt – buchstäblich! – die Blumenblütenpracht mit der Wasser-/Nährstoffversorgung und dem Vorhandensein von statischer Unterstützung für besonders stolze Sommer-Blumen-Schätze (Dahlien, Sonnenblumen, Stockrosen, Lilien usw.) sowie wahrlich hochschießendes Gemüse (z. B. Bohnen, Erbsen, Tomaten).

Wenn man regelmäßig Verblühtes/Vertrocknetes/Abgestorbenes abknipst (ausputzt), dann bleiben die Pflanzen länger vital – und nicht wenige Arten lassen sich dadurch zu einer zweiten Blüte »überreden«.

Sämtliche Hecken und Gehölze immer nur an trockenen, nicht zu heißen Tagen und bedarfsorientiert trimmen. Oft genügen ein, zwei korrigierende Schnitte mit scharfen Werkzeugen, um den jeweils schönsten Habitus zu bilden. Die Natur macht das schon.

Ganz im Sinne der Natur ist es übrigens auch, wenn man den Rasen einfach mal etwas (etwas!) länger werden lässt, und dann mit einem Mulchmäher (das Schnittgut bleibt zerkleinert auf der Fläche) wieder in Form bringt.

ENTSPANNT BLEIBEN

Clever gärtnern, vorbeugen, auf Perfektion verzichten – und auf den Rhythmus der Natur einstellen. Ganz wichtig: Stets die Ruhe bewahren und auf voreiligen Aktionismus verzichten. Außerdem, die paar Problemchen kriegt man doch locker gelöst. Etwa erwartbare Gartenplagen (Schnecken und Co., »typische Krankheiten«) und auch ein paar unvorhersehbare Gartensorgen (Wetter!). Für die allermeisten (Not-)

Fälle gibt es außerdem wirkungsvolle Abhilfe: neue Pflanzung, neues Gartenglück! Eine ganze Menge Ärger kann man sich direkt sparen, wenn man von Beginn an clever und nachhaltig (achtsam) gärtnert und diese »Guidelines« beachtet: Stets genügend Luft im Beet lassen (zu dichte Pflanzung/Saat vermeiden, nicht von Wetterstress überraschen lassen (Wetter checken), Standort und Pflanzen müssen zusammenpassen, Wasser-/Nährstoffversorgung am goldenen Mittelweg ausrichten, zurücklehnen und die Natur ihr Werk verrichten lassen.

ACHTSAM GÄRTNERN

Regenfässer/Wassersammler aufstellen; Kompostplatz anlegen; durchlässige Beläge für Wege und Co. wählen; effektiver Sonnenschutz; Regenschutz für sensibles Gemüse (z. B. Tomaten); begrünte Wände und Dächer; Wildblumenwiese anstatt Golfrasen; Wildbienenhotels anlegen/aufstellen; »wilde Ecken« für die heimische Fauna lassen; Baumschaukel-/Hängematte aufhängen; verschlungene oder gerade »Wege« in Rasen-/Wiesenfläche mähen

SOMMERSCHÖNHEITEN

Große Knorpelmöhre *(Ammi majus)*, Sterndolde *(Astrantia major)*, Ringelblume *(Calendula officinalis)*, Kornblume *(Centaurea cyanus)*, Schmuckkörbchen (Cosmos), Studentenblume *(Tagetes)*, Gänseblümchen/Tausendschön *(Bellis perennis)*, Wilde Möhre *(Daucus carota)*, Eisenkraut *(Verbena bonariensis)*, Sonnenblume *(Helianthus annuus)*, Schlafmützchen *(Eschscholzia californica)*, Witwenblume *(Knautia arvensis)*, Ziertabak *(Nicotiana sylvestris)*, Jungfer-im-Grünen *(Nigella damascena)*, Mohnblume/Klatschmohn *(Papaver rhoeas)*, Bienenfreund *(Phacelia tanacetifolia)*, Sonnenhut (Rudbeckia hirta), Wiesensalbei *(Salvia pratensis)*, Kapuzinerkresse *(Tropaeolum)*, Zinnie *(Zinnia elegans)*

DER BESTE DÜNGER IST …

… frischer Kompost aus »eigener Produktion«. Mit ein wenig Geduld einfach herzustellen, angereichert mit allen Nährstoffen, die Pflanzen benötigen und deutlich natürlicher als »Vollwertdünger« aus dem Fachhandel. Auch gut: Dünger aus dem Haushalt wie Kaffeesatz. Das Düngen ist frühmorgens (oder bei bedecktem Himmel) am wirkungsvollsten, die Pflanzenzellen stehen nicht unter Stress und sind noch gut aufnahmefähig. Bei voller Sonne können rasch Blätter und Wurzeln verbrennen.

BLUMENWIESE IM TROG

Ein gleichfalls einfacher wie wirkungsvoller Blütentraum mit rustikalem Charme! Sie haben noch irgendwo eine ausrangierte alte Zinkbadewanne, einen rustikalen Holzbottich oder einen knorrigen Viehtrog? Wunderbar, dann haben Sie bereits fast alles zusammen, was Sie benötigen. Dazu etwas normale Gartenerde, etwas Sand und ein paar Kieselsteine zum Abmagern und Auflockern und ein Paket an bunt gemischten Wild-/Wiesenblumen (z. B. Strahldolde, Kornblume, Mohn, Große Knorpelmöhre). Um es sich nicht unnötig schwer zu machen, den Trog direkt am vorgesehenen Standort befüllen. Wichtig: Abflusslöcher für das Gießwasser nicht vergessen. Gelegentlich Nährstoff-/Wasserversorgung überprüfen, ansonsten: die Natur ihr Werk verrichten lassen.

»SONNENSCHEIN IST KÖSTLICH, REGEN ERFRISCHT, WIND KRÄFTIGT, SCHNEE ERHEITERT. ES GIBT KEIN SCHLECHTES WETTER, ES GIBT NUR VERSCHIEDENE ARTEN VON GUTEM!«

John Ruskin

ZEIT FESTHALTEN – GARTENTAGEBUCH

Der Sommer geht langsam in den Herbst über, obwohl Herz und Seele gern noch ein wenig in ihm verweilen möchten. Zeit fürs Gartentagebuch.

Soll es das schon wieder gewesen sein? Ja, die Natur sieht es so vor, aber: Zum einen steht die nächste spannungsvolle Jahreszeit bereits vor der Gartentür und zum anderen kann man im Gartentagebuch seinen persönlichen Sommer im Garten noch einmal Revue passieren lassen. Man kann sich an den Moment erinnern, als der Himmel nach einem heftigen Sommergewitter von einem strahlenden Regenbogen erleuchtet wurde. Oder an den quirligen Tanz nektarhungriger Insekten um die properen Sommerblumenblüten. Oder war es nicht herzergreifend – und überaus köstlich – die ersten süßen Beeren direkt vom Strauch in den Mund zu verkosten? Und dieser aromatische Duft sonnengetrockneter Kräuterschätze? Am besten man bereitet sich einen Tee mit Kräutern aus dem eigenen Garten, sucht sich einen Lieblingsplatz, schmückt diesen mit dem, was gerade blüht oder bereits geblüht hat (getrocknete Blütenstände!) und nimmt sich noch einmal vergnüglich Zeit zum Rückblick.

Schönes schön festhalten

Spannend und ein nettes kleines Saisonprojekt, zudem eine hervorragende Achtsamkeitsübung: Den Zyklus einer Blüte verfolgen und – entweder über Fotos oder Zeichnungen – zu markanten Zeitpunkten festhalten. Für eine Zeit lang einen bestimmten Platz aufsuchen, um eine (!) Blüte in ihrem Werden, Sein und vorbestimmten Gehen zu studieren, kommt einem Ritual gleich. Eines, das einem die pure Schönheit, Eleganz und Dramatik der Natur ganz nah vor Augen führt. Eines, das lehr- und erkenntnisreich ist, geduldige Hinwendung erfordert, auf das man sich freut, weil es Freude bringt und etwas ganz Besonderes ist.

TIPP

»ECHTE« FOTOS

So praktisch es ist, mit dem Smartphone einen schönen Moment oder ein nettes Detail festzuhalten, so beliebig und charakterlos sind die Fotos oftmals. Es fehlen Zeit, Geduld und Konzentration, das richtige Motiv mit dem richtigen Bewusstsein im richtigen Moment zu fotografieren. Nutzen Sie, für gute und beständige Fotos, für Ihre schönsten Momente und Entdeckungen daher lieber eine richtige Kamera, die den Blick durch den Sucher ermöglicht, denn nur so bekommen Sie einen ungefähren Eindruck des späteren Motives.

IM SCHÖNEN VERWEILEN

Nur noch einen Moment lang genießen, das wäre schön.
Dann sollte man auch genießen! Es treibt einen niemand,
außer man selbst. Wenn's schön ist, ist es schön.

Sollen doch die anderen nach Perfektion und nach den größten, schönsten, besten Gartenfrüchten streben. Wir verweilen noch eine schöne lange Weile in Muße und Genuss. Lassen die Zeit vergehen, die Seele baumeln. Die Zeit des Aufbruchs kommt von alleine, und nicht selten gibt die Dynamik der Natur den Startschuss. Ob man ihm folgt, entscheidet man selbst, nicht die anderen. Schon der Versuch bringt Dinge in Bewegung. Gute Dinge brauchen Zeit. Veränderung beginnt beim Verändern.

Wenn man freimütig in seinen Garten blickt, ihn fühlt und »liest«, dann erkennt man Handlungsbedarf ohne Terminkalender und »Projektstress«. Langsam zu groß und schwer werdende Blütenstände oder ausufernde Pflanzungen, oder auch aufziehende Gartenplagen: Abhilfe (abstützen, ausdünnen, ablesen) erfolgt besser mit geduldigem Augenmaß und ohne hastige Panik.

Immer wieder inspirierend schön ist das Barfußwandeln auf sattgrünen Wiesen. Viel zu schön, um es nicht so oft wie möglich einfach und spontan zu tun. Das bisschen Gartenarbeit lässt sich indes auch auf diesem Weg erledigen. Solange es sich nicht um potenziell gefährliche Tätigkeiten handelt, natürlich. Die Gelegenheit zum lässigen und butterweichen »Rasenlatschen« gibt es so nur jetzt – über die warmen Sommermonate. Vor allem, wenn man es etwas lässiger angeht und das Gras auch mal wachsen lässt. Spannend ist der Unterschied, wenn man durch eine aufwachsende Wiese und einen frisch gemähten Rasen flaniert. Also sollte man die Chance am Schopf packen und so oft wie möglich barfuß durch den Garten. Ein wahrlich greifbares Erlebnis, das einen förmlich mit dem Garten verschmelzen lässt. Je zweckungebundener man das tut, desto befreiender ist die Wirkung.

> »DIE WEISHEIT DES LEBENS BESTEHT IM AUSSCHALTEN DER UNWESENTLICHEN DINGE!«
>
> *Chinesisches Sprichwort*

ABHÄNGEN, EINFACH NUR ABHÄNGEN

Jetzt, zur schönsten Zeit des Jahres, ganz bewusst nichts machen, was gemacht werden »muss«, tut gut. Spürbar. Dabei will Nichtstun gelernt sein.

Nichtstun: Was ist das überhaupt und ist das überhaupt möglich? Klar, man muss »nur« einfach nichts tun. Aber genau das ist in der heutigen Zeit kaum vorstellbar, geschweige denn machbar. Es geht jedoch nicht ums Machen, sondern ums Lassen. Dabei sollte man auf die Natur vertrauen. Die Regie im Garten kann man vertrauensvoll an die Natur abgeben. Zumindest so lange, bis die Akkus wieder voll sind, man wieder Lust aufs Machen verspürt, man wieder von innen heraus motiviert ist. Bis dahin lässt man die Natur – aus »sicherer Entfernung«, vom Lieblingsplatz aus – ihr zauberhaftes Werk verrichten. Dank der natürlichen Dynamik fügen sich wie von selbst zauberhafte Gartenbilder. Durchaus wild und chaotisch, aber charakterstärker und interessanter als jede menschengemachte Pflanzung. Pflanzen, säen – und dann erst einmal wachsen lassen. Spannend ist vor allem zu sehen, wie sich die einzelnen Pflanzen verhalten, wenn man sie lässt. Welche Arten übernehmen mit der Zeit die Vorherrschaft (im Beet), welche geraten »unter die Räder«, wo mangelt es an Licht, wie ändert sich der Habitus (Wuchsform), wenn nicht Pflanzenschere, sondern natürliche Dynamik darüber entscheiden, was wie wächst.

Man sollte versuchen, die Gedanken nicht auf die nächsten Punkte der To-do-Liste zu lenken und schon gar nicht auf die ferne Zukunft. Nicht hasten, sondern rasten ist angesagt. Man hat es sich schließlich nicht umsonst so zauberhaft eingerichtet im Garten.

Streifzüge durch die Nachbarschaft

Man sollte sich Ablenkung gönnen, vor allem ist zu empfehlen, so oft wie möglich die Perspektive zu wechseln. Die eigene Gartenoase aus anderen Blickwinkeln zu sehen, hilft, um den Blick fürs große Ganze zu entwickeln. Was man selbst gesehen hat, kann man besser beurteilen.

Man sollte nicht nur theoretisch über den eigenen Gartenzaun blicken, den eigenen Geist wach- und den Körper zwanglos auf Trab halten. Kleine Entdeckungstouren liefern Inspiration und lenken ab, lassen Zeit und Gedanken vergessen. »Aktives Nichtstun«.

> »JEDER, DER SICH DIE FÄHIGKEIT ERHÄLT, SCHÖNES ZU ERKENNEN, WIRD NIE ALT WERDEN!«
>
> *Franz Kafka*

BLUMEN MACHEN GLÜCKLICH!

Blumen kann man im Garten, im Haus und auch
in der offenen Landschaft gar nicht genug haben.
Blumen sind eine naturgegebene Glücksquelle.

Wer kann schon den bunten Glücksboten der Sommerlandschaft widerstehen? Muss man auch gar nicht. Ganz im Gegenteil, man sollte zugreifen und die ganze Liebe und Lebenslust des Sommers einfach mitnehmen. Man sollte abbiegen und eintauchen in das farbenfrohe und quirlige Treiben auf Feld und Flur. Durch Wildblumenwiesen zu flanieren, sich treiben zu lassen und ein paar Schätze für zu Hause mitzunehmen, ist Lebensfreude pur. Die natürlich komponierte Choreografie aus hauchzarten Blütenständen, asketischen Pionier-Nischen-Pflanzen, akzentuiert von knallbunten Selbstdarstellern, eingebettet in ein flauschiges Gräsergewirr, und dann dieser verheißungsvolle, wohlige Duft: faszinierend und herzerwärmend.

Ein selbst gepflückter Wildblumenstrauß bündelt all die Leichtigkeit des Seins. Gebündeltes Sommer-Blumen-Glück, welches schon beim inspirierten Durchstreifen der Wiesen beginnt.

Weil das Glück oft unverhofft kommt, vor allem überall da wächst (und blüht), wo es die Laune der Natur vermag, finden sich die farbenfrohen Glücksquellen quasi überall. Vor der Haustür, an »wilden Ecken« im Garten, am Wegesrand, auf unwirtlichen Plätzen in der Stadt, selbst an viel befahrenen Verkehrswegen haben Wildpflanzen ihre Nische. Glück suchen? Finden!

Über 1000 Wildblumenarten hält die Natur bereit, und jede einzelne Blume vermag ihre eigene spannende (Entstehungs-)Geschichte zu berichten – ein wertvoller Naturschatz. Beim Pflücken von Wildblumensträußen sollte man darauf achten, stets nur wenige, ausgewählte Blütenstände und nie die komplette Pflanze mitzunehmen (sonst verlieren Vögel und Insekten wichtige Nahrungsquellen und das jeweilige ökologische Gleichgewicht ist gefährdet) und man sollte Verletzungen durch scharfe Scheren/Messer an den Pflanzen so gering wie möglich halten. Weil Wildblumen weniger robust als »Schnittblumen« sind, halten sie sich ohne Wasser nur kurz; also, nach dem Abschneiden schnell ins Wasser stellen und bis dahin gut feucht halten.

»LEBEN IST NICHT GENUG, SAGTE DER SCHMETTERLING. SONNENSCHEIN, FREIHEIT UND EINE KLEINE BLUME GEHÖREN AUCH DAZU!«

Hans-Christian Andersen

VOLLE KRAFT VORAUS

Ganz intuitiv merken wir, wenn es wieder Zeit
wird anzupacken, loszulegen, etwas zu schaffen.
Auf sonnig-entspannten Genuss folgen Sturm und Drang.

Ein in voller Blüte stehender Sommergarten ist von mitreißender Energie, animiert – angetrieben von der Sommersonne – zu Sturm und Drang. Ein bisschen verführt er uns auch zum Experimentieren. Diese Wonne aus Blüten, Summen und Surren, duftiger Leichtigkeit, lässt uns fast schon leichtsinnig werden. Aber: Erst einmal gilt es, sich konzentriert den Dingen zu widmen, die unsere Seele füttern, den Körper fordern und einen wachen Geist voraussetzen.

Der Herbst steht vor der Tür. Für unseren Garten bedeutet das: Das finale Schaulaufen des Gartenjahres steht an und es kann nicht schaden, ein paar kleine, umso wichtigere Vorbereitungen zu treffen, damit das vergnüglich und seelenruhig über die Bühne geht.

Richtige Prioritäten setzen

Wenn man jetzt durch den Garten schlendert, dann richtet man seinen Blick vor allem auf die Beschaffenheit des Bodens und das Gleichgewicht zwischen Blütenpracht und Wildwuchs. Man sollte immer daran denken: Es ist perfekt so, wie es ist. Jetzt kann man sowieso nicht mehr »die Welt einreißen«. Mit ein paar korrigierenden Schnitten, dem Abknipsen von Verblühtem, der Nachjustierung des Nährstoffhaushaltes, verbunden mit einer Durchlockerung der Erde und der Substrate und einigen – sicher notwendigen – Vorbeuge- oder sogar Notfallmaßnahmen gegenüber Schädlingsbefall und Krankheitssymptomen hilft man dem Garten und den Lieblingspflanzen, um gut gerüstet zu sein für das anstehende Herbstspektakel. Eine Win-win-Situation, denn ein gesunder, gut ausbalancierter Garten bietet über längere Zeit auch mehr Freude.

Jetzt ist ein guter – der ideale – Zeitpunkt, die Wetterfestigkeit von Terrasse, selbst gebautem Mobiliar etc. zu überprüfen und gegebenenfalls zu verbessern (Firnis/Lasuren auftragen, Standfestigkeit sichern usw.). Es ist noch genügend Zeit, bis es stürmt, nass und ungemütlich wird. Und das wird es. Die letzten warmen (bioaktiven) Tage sollte man auch nutzen, um den Kompost zu füttern (Schnittgut aller Couleur) und umzuwälzen beziehungsweise die einzelnen Lagen zu versetzen. Ist bereits oder noch genügend selbst hergestellte Erde vorrätig, dann sollte man munter zugreifen. Ab ins Beet damit!

»WER ANDEREN EINE BLUME SÄT, BLÜHT SELBER AUF!«

Unbekannt

DER SOMMER

Drehen Sie ruhig noch eine entspannte Runde durch Garten, Natur und Landschaft und lassen Sie sich von der Leichtigkeit des Seins nur zu einem inspirieren: stumm wandeln und genießen.

Man muss nur schauen und genießen, um den Sommer in seiner ganzen Pracht, Herrlichkeit und Unbeschwertheit zu erleben. Plätze und Orte, wo das möglich ist, gibt es viele, doch am betörendsten und wahrhaftigsten lässt sich die sommerliche Leichtigkeit anhand einer Wildblumenwiese erleben. Oder auch vis-à-vis einem natürlich-lockeren Sommerbeet im Garten. Unzählige Insekten im Zusammenspiel mit knallbunten Sommerschönheiten und grazilen Gräsern: herrlich anzusehen! Weht zudem noch ein leichter Wind, dann wiegen sich die Grazien sanftmütig und elegant über den Boden.

Man kann sich ob der vielen schönen Aspekte gar nicht sattsehen. Falter, die zum Landeanflug auf knallig gefärbte Blütenköpfe ansetzen, Blätter und Blütenrispen, die von der Sommersonne durchschienen werden … im sommerbunten Gewusel passieren viele schöne Dinge.

Spektakulär ist das Erleben eines Sommergewitters! Selbstredend von einem sicheren Standpunkt aus. Hochgradig spannend vom Aufbrausen des Windes, über die Unvorhersehbarkeit und archaische Dramatik von Blitz und Donner bis zum Niedergang wahrer Wassermassen. Ein einmaliger Zauber ist aber die beeindruckend schnelle Renaissance von Garten und Landschaft. Ist das Gewitter vorüber, beginnt sofort die Rückkehr zu »Glanz und Gloria«. Allein das langsame Abtrocknen von Blatt und Blüte mithilfe der Sonnenkraft ist ein Schauspiel ersten Ranges. Faszinierend! Blüte für Blüte. Blatt für Blatt. Pflanze für Pflanze. Auf unserer Wildblumenwiese geschieht das zigtausendfach. Einfach so, ganz natürlich. In der Natur zählen nur der Moment und immer der Blick nach vorn. Schauen und genießen.

»OH WER UM ALLE ROSEN WÜSSTE,
DIE RINGS IN STILLEN GÄRTEN STEHN –
OH, WER UM ALLE WÜSSTE, MÜSSTE
WIE IM RAUSCH DURCHS LEBEN GEHEN!«

Christian Morgenstern

»AM LEUCHTENDEN SOMMERMORGEN
GEH ICH IM GARTEN HERUM.
ES FLÜSTERN UND SPRECHEN DIE BLUMEN,
ICH ABER, ICH WANDLE STUMM!«

Heinrich Heine (aus »Am leuchtenden Sommermorgen«)

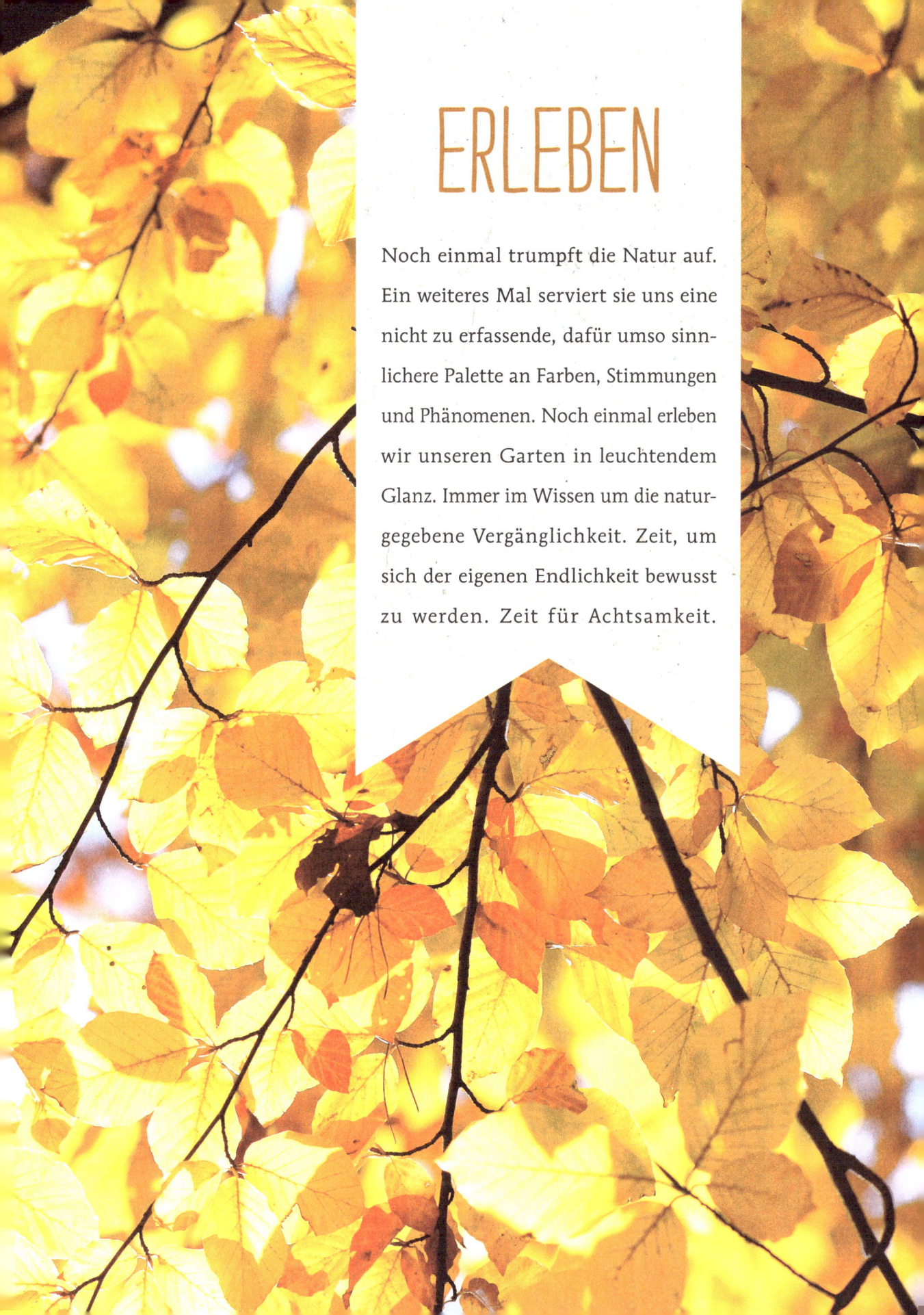

ERLEBEN

Noch einmal trumpft die Natur auf. Ein weiteres Mal serviert sie uns eine nicht zu erfassende, dafür umso sinnlichere Palette an Farben, Stimmungen und Phänomenen. Noch einmal erleben wir unseren Garten in leuchtendem Glanz. Immer im Wissen um die naturgegebene Vergänglichkeit. Zeit, um sich der eigenen Endlichkeit bewusst zu werden. Zeit für Achtsamkeit.

SIN(N)FONIE DER KONTRASTE

Die Natur gibt (noch einmal) alles, zeigt sich so kontrastreich wie nie. Das große Finale des Gartenjahres ist ein großes Spektakel.

Wenn es draußen auffrischend stürmt, das von der kräftigen Sommersonne ausgezehrte Blattgrün in ein opulent freudiges Farbfeuerwerk übergeht und die Pracht der stolzen Sommerblüher sich dem natürlichen Ende neigt, dann ist das große Finale des Gartenjahres bereits in vollem Gange. Es ist Herbst, und das farbenfroh-windige Naturschauspiel sorgt für einen inspirierenden Schub an prägenden Eindrücken.

Ausgedehnte Feld-und-Wiesen-Spaziergänge in der Natur, einige ordnende Routinearbeiten im Garten, die Verarbeitung und/oder Einlagerung der Früchte des Gartens, vielleicht endlich ein paar – über die Sommerlaune – liegen gelassenen Projekte anpacken und so viel wie möglich Zeit im Freien verbringen, bevor es nicht nur aufbrausend frisch, sondern frostig kalt zugeht. Es gilt, das Leben draußen noch einmal in vollen Zügen zu genießen. Auch wenn es jetzt nicht mehr sommerwarm ist, so ist gerade der Herbst eine herzerwärmende Jahreszeit. Die Natur legt sich jetzt – für einen letzten, intensiven und hochemotionalen Farbrausch – noch einmal richtig ins Zeug. Allein die leuchtende Herbstsonne ist Seelenfutter pur. Ein unübersehbarer Fingerzeig.

Das energisch-energetische Herbstspektakel bietet beste Voraussetzungen, um die eigenen Kraftreserven auszureizen, sich mithilfe der kontrastreichen Naturszenerie in emotionale Hochstimmung zu versetzen, durch direktes Erleben des beeindruckenden Naturschauspiels Gedanken und Situationen anders zu bewerten und einzuordnen. Die Zeit bewusster zu genießen und Dinge einfach geschehen lassen, weil sie sich sowieso nicht ändern lassen. Natürliche Dynamik.

>»WENN SIE IM AUGENBLICK SIND, SIND SIE IN DER EWIGKEIT!«
>
> *Swami Prajnanpad*

FRISCHER WIND FÜR KÖRPER, GEIST ...

... und Seele. Einmal richtig durchwirbeln, bitte!
Stürmisches Herbsttreiben ist perfekt, um alte Gedanken
gehen und neue kommen zu lassen.

Um es ein wenig salopp zu formulieren: Im Herbst fällt alles ab. Wahrlich befreiend, wenn sinngemäß damit Ballast und Last gemeint ist. Wenn man erkennt, dass es guttut und am Ende Sinn ergibt, den natürlichen Lauf nicht aufzuhalten, sondern in seiner vorbestimmten Konsequenz zu akzeptieren, dann ist man bereit, nach vorn zu schauen, neue Inspiration und Kraft zu schöpfen! Nicht ohne Grund sagt man – salopp – »Frischer Wind tut gut!«

Finale Galavorstellung

Der Herbst gibt einem die beste Gelegenheit, sich vom Druck – dieses und jenes noch zu schaffen – zu befreien. Die natürliche Uhr sorgt für eine natürliche Begrenzung des Machbaren und Möglichen. Vergänglichkeit begrenzt – und schafft durch natürliche Ruhephasen (Winter!) die Basis, um mit neuen Kräften Neues zu schaffen. Für unseren Garten bedeutet das konkret: Das Wachsen und Gedeihen hat jetzt und für eine unbestimmte, jedoch absehbare Zeit sein natürliches Ende. Der (für uns sicht- und erlebbare) Lebenszyklus der allermeisten Pflanzen geht in die vorerst letzte, dramatisch schöne Phase. Bis die wärmende Frühlingssonne alles wieder zu neuem Leben erweckt. In Natur und Landschaft, erst recht im Garten, bietet sich nun ein ergreifend schönes Bild. Wir alle wissen, schon bald weicht das prächtige Farbenmeer einem melancholischen Grau-Weiß. Doch, warum in die (zeitliche) Ferne schweifen, wenn es doch hier (im Garten) und jetzt umso schöner ist? Wunderschöne Blattfärbungen, attraktive Blütenstände spätblühender Arten, ein dankbarer Erntesegen, ein faszinierendes Durcheinander in der Tierwelt (auf der Suche nach Nahrung und Quartier), dazu angenehme Temperaturen, tolle Lichtverhältnisse und: viel frischer Wind.

TIPP
WIN-WIN-SITUATION

Federgras, Reitgras und andere inspirierende Ziergräser behalten auch im Winter ihre braungoldenen Samenstände. Schneiden Sie erst im zeitigen Frühjahr alte Blütenstängel und braune Blätter ab, damit das neue Grün kräftig austreiben kann. Die Samenstände sehen im Winter nicht nur attraktiv aus – vor allem im Gegenlicht oder im Raureif ein famoser Anblick –, sondern sind auch eine gute Futterquelle für Samen fressende Vögel.

NATUR – ERLEBNIS

Das schönste Licht, die fantastischsten Farben, das größte Getöse: Der Herbst ist die große Abschlussgala des Gartenjahres. Beeindruckend, mit welchem Stolz die Natur sich feiert.

Herrlich, in welch dramatisch schönes Antlitz sich der Garten einhüllt, kurz bevor es – für eine gefühlte Ewigkeit – naturgegeben vorbei ist. Der Herbst ist in all seinen Facetten beeindruckend. Allein das herbstbunte Farbenspiel sich sukzessive verfärbender Laubblätter fasziniert nachdrücklich. Diesem schaurig schönen Schauspiel beizuwohnen, es von der ersten Reihe aus live und in Farbe zu erleben, schmeichelt der Seele. Auch wenn es jetzt mitunter heftig und herb zugeht, so lassen sich die Natur und ihre Bewohner nicht aus der Ruhe bringen. Keine Spur von Panik, es mit dem Winterfestmachen nicht zu schaffen! Von dieser natürlichen Lässigkeit können wir nur lernen, denn der Winter kommt sowieso, aber solange er noch fern ist, gilt es den Moment, das Jetzt und Hier so ausgiebig (und farbenprächtig) wie möglich auszukosten.

Sehen

Die beginnende Blattfärbung bis zum dramatisch schönen Blätterfallen sollte man verfolgen, das stürmische Treiben von einem sicheren Platz aus beobachten, den Fruchtreichtum in Garten und Landschaft entdecken, die Schätze des Waldes (Pilze) aufspüren und die letzten stolzen Blüten des Gartenjahres sehen. Interessant ist es auch, Vögel beim Spionieren nach köstlichen Samenständen zu beobachten.

Fühlen

So oft es möglich ist, sollte man Zeit im Freien, im Garten verbringen und das langsame Abklingen der Sommerwärme hin zu herbstlicher Frische fühlen. Faszinierend ist das Abtasten und Erforschen von Kastanien, Eicheln, Bucheckern und Co. – nicht nur für die Kleinsten.

Hören

Das Blätterrauschen ist allgegenwärtig, es pfeift buchstäblich um alle Ecken. Wenn man genau hinhört, dann hört man das Herabfallen reifer Äpfel und sogar das Summen fleißiger Bienen um die letzten Pollen- und Nektarspender des Gartenjahres. Das wohl schönste Herbsterlebnis: das Durchfegen und Durchwaten des Blättermeers.

Riechen

So langsam flaut der aromatisch-würzige Blüten-Kräuterduft ab, aber man kann ihn noch vernehmen: Wenn man ganz nah herangeht. Einige Düfte muss man sich regelrecht erarbeiten, indem man frische Kastanien und Maronen aus ihren schützenden Hüllen befreit. Oft durchzieht ein Hauch von altem, sich in Gärung befindlichem Obst den Garten. So richtig betörend ist der Duft, wenn sich an einem kühlen Herbstmorgen Raureif unter der aufgehenden Herbstsonne vom Boden löst und alles – noch einmal – so frisch und verheißungsvoll duftet.

ZAUBERHAFTE SINNESBOTEN DES HERBSTES

HERBSTANEMONE *(Anemone hupehensis)* Die pflegeleichten und natürlich wirkenden Stauden haben zahlreiche prachtvolle Blüten. Diese umgarnen ihre Betrachter und sorgen in Weiß oder Karminrot von etwa August bis Ende Oktober für Liebreiz. Herbstanemonen sind ideal für natürliche, »wilde Ecken«, auch vor Mauern/Wänden oder an Zäunen schön.

PFLEGE Bei Extremfrösten Wurzelbereiche mit Laub/Reisig abdecken, keine besondere Pflege notwendig, allzu wüchsige Exemplare gelegentlich zurückschneiden.

STANDORT Lehmiger, gut humoser, nicht zu trockener, nährstoffreicher Boden und halbschattige bis sonnige Lagen.

TIPP Speziell die Wildformen ergeben als Schnittblumen wunderschönes Blütenglück.

SANDDORN *(Hippophae rhamnoides)* Der Sanddorn ist sehr genügsam und anpassungsfähig. Im Herbst sind der orange-rote Beerenschmuck und die linealähnlichen, grau-grünen Blätter ein schöner Anblick. Ein raffiniertes Wurzelsystem zur weitreichenden Bodendurchdringung macht's möglich. Wirkt in Gruppen am besten.

PFLEGE Wenn der Boden passt und genügend locker ist, am besten vernachlässigen.

STANDORT Durchlässige, sandig-kiesige Böden in voller Sonne sind ideal.

TIPP Die Beeren sind wahre »Vitamin-C-Bomben«; perfekt für (gesunde) Säfte, Tees, Marmeladen usw. mit pikanter Note.

AHORN *(Acer)* Alle Ahornarten beeindrucken mit ihren leuchtenden, bunten Herbstblättern. Die Gattung mit ihren über 100 Arten fasziniert mit unterschiedlichsten Wuchsformen und interessanten Rindenstrukturen. Am spektakulärsten sind die aus Asien stammenden Arten, vor allem in prominenter Solitärstellung.

PFLEGE Auf gute Startbedingungen (Dünger zugeben) achten, gelegentlicher Auslichtungsschnitt und regelmäßig gießen, auf tiefgründige Bodenbearbeitung im Wurzelbereich verzichten.

STANDORT Sonnig bis halbschattig, sandige bis lehmige, normale Böden.

TIPP Der Japanische Fächerahorn *(Acer palmatum)* macht (frostgeschützt) auch im Topf/Kübel etwas her!

Pflanzen für die...

BEGEISTERUNG

GRÄSER Am besten wirken weitläufige, durchmischte Gruppenpflanzungen, aus denen wiederum einzelne Solitärstauden oder strukturstarke Kleingehölze herausragen. Zu den immer wieder schönen Klassikern zählen Chinaschilf *(Miscanthus sinensis)*, Rutenhirse *(Panicum virgatum)* und Lampenputzergras *(Pennisetum)*. Unbedingt probieren: Moskitogras *(Bouteloua gracilis)*.

PFLEGE Die meisten Arten mögen es, wenn man sie einfach wachsen lässt. Sie freuen sich, wenn man sie im Frühjahr konsequent bodennah zurückschneidet. Das hält die Gräser vital.

STANDORT Es gibt Arten für jeden Standort, die luftig-leichten Spätsommer-/Herbstgräser mögen es aber vor allem sonnig, eher karg und trocken.

TIPP Die flauschigen Ähren und fedrigen Ripsen sind mehr als tolles »Beiwerk« in herbstlichen Blumensträußen und geradewegs perfekt auch für Trockengebinde.

»DIE SEELE KANN ERST DANN SO RICHTIG BAUMELN,
WENN AUCH DAS HERZ EINEN PLATZ GEFUNDEN HAT,
WO ES ZUR RUHE KOMMEN KANN!«

Unbekannt

KLEINIGKEITEN

Der Herbst bietet unzählige Möglichkeiten, große Freude in kleinen Dingen zu finden. Oder sich und anderen daraus eine große Freude zu machen.

Wie so oft finden sich Glück und Zufriedenheit in kleinen, unerwarteten Dingen. Manchmal liegt es auch direkt vor unseren Füßen. Beim Gartenspaziergang sollte man einmal ganz bewusst auf die eigenen Schritte achten, sich mit Bedacht und Umsicht durch das Herbstbunt bewegen. Stehen bleiben, an Ort und Stelle verharren, tief ein- und entspannt wieder ausatmen, dabei das Heben und Senken des Brustkorbes beobachten und so viele Eindrücke wie möglich in sich aufsaugen. Wenn man einfach nur so durchspaziert, die schöne Kulisse im Vorbeigehen »mitnimmt«, würde man jede Menge kleine Schätze und spannende Entdeckungen verpassen.

Die Spinne, die sich mühsam, aber zielstrebig ihr Netz spinnt und mit stoischer Ruhe auf ihre Beute wartet; Tautropfen, die sich sanft und lässig an Blättern abrollen; das glitzernd funkelnde Blätterdach; Eichhörnchen, die auf leisen Pfoten daherkommend schnellstmöglich alles Nahrhafte in Sicherheit bringen; Herbstklassiker (Eicheln, Kastanien, Hagebutten, Walnüsse usw.), die nur darauf warten, entdeckt und mitgenommen zu werden. Im Herbst sind wir von Natur aus leidenschaftliche Jäger und Sammler, finden große Freude an den kleinen Schätzen.

Ernten, verwerten, verschenken

In den Garten gehen, etwas Leckeres ablesen (ernten): herrlich! Wenn man frühzeitig beginnt und stets nur das erntet, was man auch benötigt, dann schont man Schweiß und Nerven und hat immer nur die frischeste und knackigste »Ware«

im Korb. Ganz nebenbei tut das auch den Pflanzen gut, die in Ruhe nachlegen können.

Weil teilen und schenken überaus glücklich und echte Freu(n)de macht, bietet es sich an, die kreativ-handwerklichen Fertigkeiten und Küchenkünste für schöne Dinge zu nutzen. Schon mit einem Glas selbst gemachter Marmelade, einem Bündel getrockneter Kräuter oder einer Tüte Samen kann man anderen Freude und Glück bringen. Weitere herbstliche Glücksboten: Trockensträuße, Dekokränze, Windspiele, Kreatives aus Zapfen/Kastanien/Eicheln/Holz, Absenker/Ableger … Der Garten bietet alles, was Herz und Seele begehren. Ernte (und Natur) sei Dank!

»DAS GRÖSSTE UND WUNDERBARSTE IST DAS EINFACHSTE!«

Walther Rathenau

STAPELWEISE GLÜCK

Blätterhaufen, Holzstapel und Co. sind kleine,
gute Taten, die den Garten ordnen und seinen natürlichen
Bewohnern ein schützendes Domizil bieten.

Laub zusammenrechen, heruntergefallene Früchte auflesen, einmal durch die Beete wühlen, Schnittgut beiseiteräumen – das steht jetzt an. Wenn sich damit gleich mehrere gute Taten vollbringen lassen, umso besser.

Die erste gute Tat beginnt schon mit der Ausübung. Man ist draußen, an der frischen Luft, aktiv, vertieft sich über die leicht von der Hand gehenden Tätigkeiten in den Moment. Jeder Handgriff ändert das Bild, es passiert etwas.

Ein gutes Gefühl ist es auch, den natürlichen Kreislauf im Kleinen – im Garten – zu erhalten. Alle Pflanzenteile, außer von Krankheiten/Schädlingen befallene oder/und nicht zum natürlichen Repertoire (exotische Grazien oder unliebsame, weil invasiv, also verdrängend, agierende Neophyten) gehörende, kommen entweder auf den Kompost, werden (kleinteilig) in Erde/Substrat eingearbeitet und zu Haufen aufgetürmt, denn sie sind ein wichtiger Beitrag für ein stabiles Ökosystem.

Wir Menschen verlegen unsere Aktivitäten jetzt langsam ins Warme. Vögel, Kleinsäuger, die heimische Fauna generell hält das nicht anders. Nur: Die Quartiere müssen erst noch gesucht oder angelegt werden, dazu die Nahrungsvorräte angehäuft und gesichert werden. Unterstützung ist dabei jederzeit erwünscht, und oft sogar überlebensnotwendig!

Voller Leben – Totholzhecke

Sieht gut aus, gibt dem Garten natürlich Halt und Struktur, bietet unzähligen Tieren sicheren Lebensraum, macht auch als Sichtschutz etwas her und vermittelt schon beim Anlegen Freude: Totholzhecken (Benjeshecken) machen's möglich. Man sollte sich ein paar stabile Holzpfähle suchen und genügend (gesundes) Schnittgut (ideal sind langsam wachsende Obsthölzer, Eiche, Buche oder Ähnliches) sammeln. Damit »baut« man sich ein genügend stabiles Rahmengeflecht, in das wiederum Schnittgut aller Couleur eingefüllt wird. In die unteren Lagen kommen die gröberen Äste/Zweige. Ist alles lage-/standstabil, dann ist es perfekt; die Natur kann übernehmen. Es wird nicht lange dauern, bis Kleinsäuger wie Igel auf die schöne und sichere Behausung aufmerksam werden oder Wildbienen und Co. neue Lebensräume für sich entdecken …

Gutes-Blätter-Werk

Wärmebedürftige Igel sind jetzt auf der Suche nach geeigneten Winterquartieren, um die nahende Kälteperiode gut zu überstehen. Sie nutzen dabei, oft auch nur als Zwischenstopp, allzu gern einen locker zusammengerechten und aufeinandergeschütteten Blätter-/Reisighaufen in geschützter Lage. Ihre Chance, herbstliche Routinearbeit mit Bewegung an der frischen Luft und einer guten Tat zu verbinden!

AUSPOWERN TUT GUT

Wer noch Kraftreserven hat, sollte sich eine
Extrarunde Auspowern gönnen – im Garten wühlen
ist das natürliche Gesundheitsplus.

Weil es so guttut, in der Erde zu wühlen, Garten-Natur-Schätze zu bergen, Gehölze von altem Ballast zu befreien, der Natur ein paar Früchte abzuringen, aus- und umzutopfen, auszusäen, Beete vor- und nachzubereiten, tun wir's einfach. Ohne groß darüber nachzudenken. Wir arbeiten, ein wenig selbstvergessen, mit Blick auf ein nachhaltiges und sinnvolles Ergebnis. Wenn unsere Arbeit, die uns auch so einigen Schweiß und das Erlernen von Neuem abverlangt, am Ende knackfrische Früchte trägt, dann spüren (und schmecken) wir dankbare Zufriedenheit.

Gärtnern bringt uns im wahrsten Wortsinn »back to the roots«. Es erdet uns, schult und schärft unsere Sinne. Stärkt unseren Körper. Gartenarbeit wird als vergnügliche Tätigkeit empfunden. Ein wenig ist und wirkt Gärtnern wie Meditation, ein natürliches Antidepressivum ist es obendrein. Das Gärtnern an sich lässt die Glückshormone regelrecht explodieren. Das liegt auch daran, dass wir uns auf die Sache mit aller Aufmerksamkeit konzentrieren müssen. Einfach so nebenbei, wie es neuzeitliches Multitasking oft abverlangt, das funktioniert im Garten nicht. Dann wird's nichts. Weder mit reichhaltiger Ernte noch mit kunterbunten Blütenträumen. Vom selbst gemachten Glück ganz zu schweigen.

Aktive Entspannung

Wer mag, kann mit Pinsel und Farbe den Garten oder besonders reizvolle Situationen und Stimmungen auf Papier oder Leinwand bringen. Jetzt, im Herbst, präsentiert sich die Natur in atemberaubend dramatischer Schönheit – Malen/Zeichnen wirkt entschleunigend, allein schon deshalb, weil es Zeit und Hingabe erfordert. Außerdem schafft man etwas für sich, das bleibt und dauerhaft erfreut. Der beruhigende Effekt des Malens/Zeichnens setzt bereits bei der Suche nach dem Wunschmotiv ein, also: Warum nicht sofort loslegen? Der Garten wartet bereits darauf, mit neugierig suchenden Blicken neu und mit dem Blick fürs perfekte Motiv entdeckt zu werden.

»GÄRTNERN IST DAS GRÖSSTE
VERGNÜGEN DES MENSCHEN.
ES IST DIE SCHÖNSTE ERFINDUNG
DES MENSCHLICHEN GEISTES!«

Francis Bacon

EINFACH LASSEN

Hier noch Unkraut, da noch keinen Gehölzschnitt gemacht, und: noch lange nicht alle Gartenfrüchte verarbeitet. Halb so wild, alles hat seine Zeit.

Dinge einfach mal liegen lassen, tut gut. Sehr gut sogar! Hast und Hektik sind keine gute Basis für Balance. Weder in Garten und Natur, noch von Körper, Geist und Seele. Gärtnern als Basis für gesunde Ernährung und Lebensweise benötigt Ruhe und Konzentration, Behaglichkeit und Verstand, Geduld und Zeit. Wenn die Vorzeichen gerade ungünstig stehen, die innere Bereitschaft fehlt, in den Garten zu gehen, dann sollte man sich so frei fühlen zu sagen: »Jetzt, heute und hier, tue ich einfach mal nichts.« Wenn man dann Motivation spürt, kann man sich wieder dem Aussäen, Pikieren, Umgraben, Schneiden, Umsetzen usw. widmen.

Üben, üben, üben

Sich in Geduld und Achtsamkeit zu üben, ist heutzutage eine echte Herausforderung. Irgendetwas ist immer zu tun, dieses und jenes muss noch erledigt werden, und dann auch noch diese vielen Verpflichtungen. Stopp! Nichts ist wichtiger als das, was man gerade tut. Oder eben sein lässt. Das Handeln im Hier und Jetzt bestimmt die Zukunft. Wenn man sich jetzt mit voller Hingabe um den Garten und seine (Pflanzen-)Schätze kümmert, dann – erst dann – kann das Glück wachsen. Geduld, bitte! Die Zwiebeln, die man jetzt in die Erde legt, benötigen den »Anlauf« über den Jahreswechsel, um dann mit vollem Akku im Frühling aufzublühen, genauso wie Gehölze, die jetzt von Altlasten befreit werden, ihre Zeit benötigen, um die Energie in neue Triebe, Knospen und Früchte (die viel Zeit zum Ausreifen benö-

tigen) zu stecken, alte Wunden zu heilen. Auch der Boden benötigt eine definierte Zeit der Ruhe und des Sammelns (kontinuierliche Bodenbearbeitung, Gründüngung), um die Basis von Ernte- und Gartenglück zu bilden.

Sich im Garten, durch Gärtnern als Schöpfer des eigenen Glückes zu üben, bietet den großen Vorteil, dass uns die Natur immer eine zweite Chance und einen weiteren Versuch spendiert, es mindestens noch eine weitere Möglichkeit, einen Umweg gibt. Man muss gar nicht aus dem Stand und mit dem ersten Spatenstich perfekt sein. Aus Anfangen und Probieren wird Machen und Routine – eine Frage der Übung. Eine Übung, die in der Übung mit sich selbst beginnt, ihren Anfang im Hier und Jetzt hat und dann dem fortdauernden Rhythmus der Natur folgt.

> »HÖRE AUF DEN WIND, ER FLÜSTERT.
> HÖRE AUF DIE STILLE, SIE SPRICHT.
> HÖRE AUF DEIN HERZ,
> ES IST VOLLER WEISHEIT!«
>
> *Indianisches Sprichwort*

»WILLST DU ABER EIN LEBEN LANG GLÜCKLICH SEIN, SO SCHAFFE DIR EINEN GARTEN!«

Chinesisches Sprichwort

ERFÜLLENDE HERBSTPROJEKTE

Das Wetter ist jetzt perfekt, um den Tag im
Garten tatkräftig zu füllen. Am besten mit Dingen,
die nützlich sind und nach vorn blicken lassen.

Die große Sommerblütenschau ist vorüber, das Wetter zumeist angenehm erträglich zum Gärtnern, also, warum nicht drei, vier zukunftsweisende Handgriffe tätigen? Jetzt, nach Blüte, Frucht-/Samenbildung und Ende der Wachstumsphase (Spätherbst) ist der optimale Zeitpunkt, um Ziersträucher und Co. wieder ein wenig in Form zu bringen. Bei trockener Witterung, ausgestattet mit scharfem und leichtgängigem Schnittwerkzeug und allem, was einen vor Verletzungen schützt (schnittsichere Handschuhe, Kopfbedeckung, angepasste Kleidung generell), kann es motiviert ans »Ausdünnen« gehen. Luft machen und alte, schwache Triebe kappen, heißt die Devise, damit sich die Pflanzen wieder von Grund auf erneuern können. Essenziell für dauerhafte Vitalität und Pflanzengesundheit.

Aber, man kann sich auch dem Pflanzen widmen. Beides bringt den Garten voran. Jetzt beginnt die Pflanzzeit ... warum nicht gleich einen »richtigen« Baum pflanzen? Ein einheimisches Obstgehölz, Wildobst oder eine lockere Heckenpflanzung verschiedener Wildgehölze. Alles, was der natürlichen Vielfalt dient, dient auch dem eigenen Wohlbefinden.

Abgeblühte Zwiebelpflanzen können jetzt auch langsam ins (trockene, frostfreie) Winterquartier, können aber auch noch ein wenig im Erdreich verharren, denn vielleicht will man lieber erst einmal ein einladendes Quartier für Vögel oder Igel bauen. Schöne, erfüllende Arbeiten/Projekte!

Eigenes Saatgut

Saatgut im eigenen Garten oder aus der Natur zu sammeln, spart viel Geld, macht noch mehr Spaß und ist obendrein eine schöne Geschenkidee, und das geht schneller und leichter von der Hand, als man denkt! Mit wenigen, einfachen Handgriffen hat man geballtes Gartenglück in Sack und Tüten! Man benötigt nur eine leichtgängige Schere, trockene Witterung (und entsprechend trockene Fruchtstände), Papiertüten/-umschläge, ein Tablett zum Transportieren. Wenn die Blüten braun/papierartig werden (also jetzt, im Herbst) diese einfach konsequent kappen und in die Tüten/Umschläge befördern. Zu Hause gut schütteln, voilà, das war's schon. Jetzt alles trocken lagern. Am besten in einzelnen (luftdichten) Gefäßen und mit entsprechender Beschriftung, damit man auch weiß, was im kommenden Frühjahr aufs Beet oder in die Töpfe kommt. Für besondere Geschenke lohnt es sich, schön gestaltete Tüten zu suchen (Onlineshops, DaWanda etc.), oder man lässt der eigenen Kreativität freien Lauf.

GEMEINSAM UND MITEINANDER

Zusammen gärtnern ist nicht nur praktisch,
es macht auch Freude. Erst recht, wenn alle – Kleine,
Große, Jung und Alt – gemeinsam anpacken.

Außerdem hält es fit. Beim gemeinsamen Anpacken lernen wir von- und miteinander, profitieren einerseits von Erfahrung, Geduld, andererseits von jugendlicher Frische und dem unbändigen Willen, Tagwerk und Projekt zu schaffen. Von Mensch zu Mensch wird das Gartenwissen weitergegeben: Handgriffe, Tricks und Kniffe. Ein Garten ist ein generationenübergreifendes Projekt, das niemals ganz fertig ist.

Wenn man die grüne Oase nur für sich schön macht, sich gegenüber den anderen – draußen – abschottet, die Natur bis maximal zur Grundstücksgrenze vordringen lässt, dann verwehrt man sich selbst die schönsten Erlebnisse, Eindrücke, Zufälle und Momente, nicht nur im Garten. Gemeinsam, mit- und füreinander, erschafft man sich erst ein Idyll, welches Sehnsucht-, Zufluchts- und Lebensort in einem ist, welches Gäste und Fremde stets willkommen heißt, Glückseligkeit und Zufriedenheit ausstrahlt. Beim Gärtnern ergeben sich ganz automatisch Fragen, und es gibt immer (!) irgendeinen, der mit umfangreichem Profiwissen aufwartet. Vieles kann man lernen und sich sukzessive durch Versuch und Irrtum aneignen, aber: Alles kann man nicht wissen. Wenn man Rat braucht, sucht man ihn, ganz ohne schlechtes Gewissen und hört dem Ratgeber neugierig und wertschätzend zu.

Empfehlenswert ist es auch, auf die Geschichten zu hören, die der eigene Garten erzählt. Es sind Geschichten, die fesseln, die von Glück und Leid berichten. Blütenstars, die ihre Köpfe senken, weil es ihnen an Wasser mangelt, Gehölze, die ob etlicher Altlasten nach Luft ringen, Obstbäume, die aufgrund fehlender Bestäubung gern einen Partner zur Seite gestellt hätten oder der Vogelnachwuchs, der sich dank eines reich gedeckten Tisches unbeschwert und beseelt seiner Jugend erfreut: Wer genau hinschaut und zuhört, erfährt die spannendsten Geschichten zuerst.

> »MANCHEM GELINGT ES, EIN IDYLL ZU FINDEN, UND WENN ER'S NICHT FINDET, SO SCHAFFT ER'S SICH!«
>
> *Theodor Fontane*

TEILEN MACHT FREU(N)DE

Gute Ernte? Sehr gut, dann kann man doch etwas davon abgeben. An Nachbarn, Freunde, Bekannte ... oder man probiert es mit einem Straßenverkauf.

Das ist besonders lehrreich. Denn der Perspektivwechsel schafft Verständnis für die andere Seite, für das Gegenüber. Mitnehmen oder liegen lassen? Was ist einem das wert? Etwas aus dem eigenen Garten feilzubieten, ist auch eine Sache des Vertrauens. Man selbst bietet gute Früchte des Gartens mit gutem Gewissen an – das Gegenüber nimmt/kauft es mit ebensolchem. Auch eine »Kasse des Vertrauens« funktioniert zumeist besser, als man denkt. Sicher gibt es unschöne Ausnahmen, aber uns Menschen ist ein Urvertrauen gegenüber Menschen, die sich anderen nicht verschließen, angeboren. Wenn man dem Gegenüber Vertrauen (Achtung) entgegenbringt, dann kann man mit ebensolchem rechnen. Nehmen und Geben.

Geben, ein gutes Stichwort. Warum sollte man buchstäblich auf der Ernte sitzen bleiben, wenn man das Gartenglück doch von einer Hand zur anderen weiterreichen kann? Das, was man selbst verwerten und einlagern kann, legt man zur Seite, alles andere kommt auf den Gabentisch für Freunde, Bekannte, die Nachbarschaft, soziale Einrichtungen oder zur Weiterverarbeitung durch lokale Erzeuger (z.B. für die Saftherstellung).

Die Tatsache, etwas vom selbst gemachten Glück abgegeben zu haben, macht nicht nur zufriedener, sondern stärkt den Gemeinsinn, bringt einen viel näher an die Mitmenschen als ein flüchtiges »Hallo!« über den Gartenzaun oder ein lockerer Plausch am Gartentor.

Eine hervorragende Gelegenheit, um die eigene Gartenbegeisterung zu teilen, neue Erkenntnisse zu gewinnen und Know-how von Mensch zu Mensch auszutauschen, sind »offene Gartenpforten«. Die eigene Gartenoase für andere – »Wildfremde« – zu öffnen, erfordert ... Vertrauen.

TIPP WER FRAGT, GEWINNT

Fragen kostet nix – bringt aber viel! Ein schöner Garten, der mit Stecklingen, gesammelten Samen oder geteilten Stauden, Obst-/Gemüsepflanzen bepflanzt wird, hat Flair und ist herrlich preisgünstig. Manchmal entsteht so ein hübsches Blumenbeet (fast) aus dem Nichts. Wenn man das nächste Mal Verwandte, Freunde oder Nachbarn besucht, einen schnellen Blick in deren Garten wirft und fragt, ob man sich bedienen darf. Vielleicht entsteht aus dem spontanen Tauschgeschäft auch noch mehr; (nach-)fragen bereichert!

GARTENPRAXIS

Jetzt, genau jetzt muss man an den Frühling denken. Das Aufräumen kann warten, wichtiger und sinnerfüllender ist der Blick nach vorn.

Das bietet etwa eine Stauden-Gräser-Pflanzung, für die besonders im Frühherbst der optimale Zeitpunkt ist. So kann man sich jetzt schon auf das kommende Frühjahr freuen. Auch für Ergänzungen oder »Lückenfüllen« stehen die natürlichen Vorzeichen nun günstig. Die jungen Pflanzen können ihr Pflichtprogramm (einwurzeln; der Boden ist noch genügend warm, sodass sich ausreichend Feinwurzeln bilden können) noch vor der Frostperiode absolvieren, um dann im Frühjahr direkt zur Kür überzugehen. Nicht vergessen: Zwiebelblumen, die überwiegend im Frühling blühen (Schneeglöckchen, Narzissen etc.), müssen jetzt in den Boden. Andere wiederum, etwa die großen sommerlichen Blütenstars wie Dahlien, müssen aus dem Boden und ins frostfreie und trockene Winterquartier (am besten in einer Kiste mit feuchtem Sand).

Falls man noch ein schönes Pflanzengeschenk benötigen sollte: Jetzt kann man mit gutem Gewissen (und ruhiger Hand) Stauden, Gräser, Kräuter teilen.

ERST DAS VERGNÜGEN

Weil das große Aufräumen (bis auf das Zusammenrechen von Laub und selbiges auf den Kompost befördern) und Reinemachen noch warten kann, kann man die gewonnene Zeit nutzen, um Beete und Pflanzflächen (oberflächlich) noch einmal zu lockern, denn so ist der Boden über den Winter stressfester. Jetzt bitte nur noch Gründüngung vollziehen.

Den naturgemäß größten Part nimmt im Herbst die Ernte ein, die mit dem Abernten der letzten Kürbisse, Zucchinis und Wurzelgemüse (Möhren, Sellerie, Rote Bete), dem Ablesen/Einsammeln von Kern-/Steinobst (Äpfel, Pflaumen etc.) und dem Abknipsen der letzten Kräuterlieferung einhergeht, und in jedem Fall vor den ersten Frösten geschehen sollte, sonst droht Geschmacks-/Vitaminverlust. Damit sich sein Aroma erst so richtig ausbilden kann, wird Wintersalat genau jetzt (!) ausgesät. Wer auch im kommenden Jahr noch Freude (Ertrag) an mehrjährigen Gemüsesorten (Rhabarber!) haben möchte, kappt deren Wildwuchs: jetzt und konsequent. Mehrjährige Kräuter (z.B. Johanniskraut, Salbei, Rosmarin, Ysop) bekommen einen guten Winterschutz (oder kommen gleich ins Warme) und werden erst im Frühjahr wieder in Form gebracht.

ZU GUTER LETZT

Bei einem entspannten Herbstspaziergang durch den Garten sollte man die Windfestigkeit von Gehölzen (notfalls Kronenentlastungs-/Sicherungsschnitte durchführen [lassen]), Töpfen, Accessoires, Baulichkeiten usw. prüfen, denn der erste heftige Herbststurm kommt bestimmt …

GARTENGLÜCK
Durch Nach- und Vorbereitung

ACHTSAM GÄRTNERN

Holzlagerplatz/-stapel, Totholzhecken und Blätterhaufen anlegen; Töpfe/Accessoires etc. stand-/windfest machen; Blütenstände von Gräsern/Hortensien einfach stehen lassen; verblühte Rosen nicht schneiden, um Bildung von Hagebutten (Samen-/Fruchtstand) anzuregen; Lagerplätze für Erntegut einrichten

GRÜNDÜNGUNG

Geben Sie bodenaktiven Arten (Gründüngung) stets einen guten Platz. Die Stickstoffbindungs- und Lockerungskraft von Ackersenf, Blauer Lupine, Buchweizen oder Bienenfreund ist konkurrenzlos. Um den Effekt der Boden-Re-Aktivierung zu erhöhen, lohnt sich umzugraben.

SENSIBELCHEN ÜBERWINTERN

Auch wenn Sie an sich winterharte Pflanzen auf Balkon und Terrasse haben, sollten die Töpfe und Kübel nie komplett zufrieren. Frostsprengungen und vertrocknete Pflanzen sind dann – für Material und Pflanzen – rasch unangenehme Folgen. Vergessen Sie über die frostigen Wintermonate gelegentliches Gießen nicht und schützen Sie sensible Pflanzen durch wärmende und wasserspeichernde Mulchschichten, Vliese sowie Ummantelung der Töpfe mit Reisig oder Jutesäcken. Kokosmatten halten bodennahe Feuchte und Kälte ab. Laubabwerfende Gehölze, Zwiebelblumen, Gräser und Stauden bringen Sie am besten, vor dem ersten Frost, samt Gefäß in frostfreie, nicht zu feuchte Schuppen oder Garagen. Stark frostempfindliche und exotische Pflanzen benötigen zuverlässig frostfreie Winterquartiere, wenn die Blätter behalten werden, sollten diese genügend hell sein. Direkte Wintersonne ist ungünstig, denn das kann zu verfrühtem Austreiben führen. Wichtig: über die Wintermonate (= Wuchspause) nicht düngen. Praktisch: „Überwinterungsservice" zahlreicher Gärtnereien.

»EIN GARTEN IST EIN GROSSARTIGER LEHRER. ER LEHRT UNS GEDULD UND UMSICHTIGE WACHSAMKEIT; ER LEHRT UNS FLEISS UND SPARSAMKEIT; UND VOR ALLEM LEHRT ER VOLLKOMMENES VERTRAUEN!«

Gertrude Jekyll

ZEIT FESTHALTEN – GARTENTAGEBUCH

Aufbrausende Stürme, ein faszinierendes
Farbe-Licht-Spektakel, der morbide Charme des Herbstes
an sich: großartiger Stoff fürs Gartentagebuch.

Der Herbst war, ist und bleibt im wahrsten Sinne des Wortes mitreißend. Alles wird kräftig durcheinandergewirbelt und ist am Ende doch in friedlicher Balance. Den Wechsel vom luftig-leichten Sommerkleid zum kontrastreichen und teils herben Herbstgewand konnte man in Natur, Landschaft und Garten aus nächster Nähe miterleben. Der dramatisch schöne Kostümwechsel hinterlässt in seiner naturgegebenen Konsequenz leer gefegte Landschaften. Das faszinierende Naturschauspiel des Herbstes zieht uns in seinen Bann, wirkt wie ein Sog, der uns, je mehr wir es zulassen, tiefer hineinzieht.

Staunen, sich begeistern und mitreißen zu lassen, spontane Lust, Neues zu entdecken und sich, ohne Gedanken an Raum und Zeit, auf ein Ereignis einzulassen, ist ein prägendes Erlebnis. Eines, das den Moment festhält, bewusst erleben lässt. Eines, das uns angeboren ist, das wir aber leider allzu oft zweckdienlicher Routine und dem Erwachsenwerden opfern. »Das Staunen ist der Anfang, der Erkenntnis.« So formulierte es einst der griechische Philosoph Platon, und so kommen Gedanken und Ideen auf den Weg (zu mehr Achtsamkeit) und lassen Neues entstehen.

Wann, wo und worüber hat man in den letzten Wochen gestaunt, welches Ereignis hat einen zeitvergessen in den Bann gezogen? Vielleicht hat der Herbst auch ein wenig wieder das Kind in einem geweckt, Stichwort »Staunen«? Das Gartentagebuch freut sich über ein kunterbuntes Potpourri aus faszinierend gefärbten Blättern, interessanten »Hinterlassenschaften« (Schalenmaterial, Frucht-/Samenstände etc.) des Gartenjahres und den Beobachtungen und Entdeckungen, die einem während ausgedehnter Herbstspaziergänge und/oder vergnüglicher Gartenarbeit regelrecht zugeflogen sind. Der Herbst wäre nicht der Herbst – das große Finale des Gartenjahres –, wenn dem nicht so wäre.

TIPP KLAPPE, UND: ACTION!

Schon einmal daran gedacht, das stürmische Herbstschauspiel mit nach Hause zu nehmen? Die kontrastreiche Naturkulisse könnte nicht besser arrangiert sein und wartet förmlich auf begeisterte »Zaungäste«. Sie müssen auf Ihren Touren durch die Herbstnatur nur an eine handliche Kamera denken – und das Wehen, Stürmen, Pfeifen und Blätterrauschen aufnehmen.

LIEBER UNPERFEKT

Wer sagt, dass im Garten alles perfekt, in Waage und Lot sein muss? Niemand! Und genau darum ist es richtig, die Natur Natur sein zu lassen.

Die Natur kennt kein Streben nach Perfektionismus, sie ist von Natur aus perfekt; im Gleichgewicht der Elemente. So wie sie ist, ist sie immer wieder neu spannend und überraschend, bisweilen launig, oftmals dramatisch, immer dynamisch und progressiv. Einen fixierten Idealzustand – das Perfekte – kennt sie nicht. Die Natur schreitet voran, passt sich an, ist eigener Maßstab. Wenn, dann erschaffen und definieren wir Menschen das Perfekte, versuchen oftmals krampfhaft und verbissen, diesen Zustand anzustreben respektive zu erhalten. Unser Streben nach dem Perfekten kennt kein Hier und Jetzt, kein »Einfach so lassen, wie's gerade ist«, keine Gnade mit uns und unserer Umgebung. Anpassen, nachgeben, einen Umweg machen, zurückstecken, in die Nische verkriechen … streben wir das Perfekte an, kennen wir weder Dialog noch Kompromiss. Das Verharren auf festen Positionen führt zu Verachtung und Missbilligung des anderen, sogar der eigenen – naturgegebenen – Bestimmung. Wir hadern und zweifeln. Verzweifeln. Träume und Ziele sind wichtig – nicht selten sogar überlebenswichtig –, übertriebener Perfektionismus indes nimmt uns unsere Gelassenheit und Anpassungsfähigkeit, erzeugt Druck, bringt Körper, Seele und Geist aus dem Gleichgewicht.

Den Plan nicht erfüllt

Welcher Plan, welches Ideal? Wunderbar, wenn man genau diesem äußeren Stress nicht erliegt, den Run und die Hektik nicht mitmacht. Nur weil »alle das so machen«, kann nicht der Grund dafür sein, sich übermäßigen Druck aufzuerlegen. Es gibt wichtigere Dinge, und alles hat seine Zeit, seinen Sinn. Erst recht in der Natur.

Ganz entspannt

Ob nun der Rasen »ordentlich« gemäht ist, die Beete aufgeräumt und (perfekt) organisiert sind, der Gehölzschnitt schon nach allen Regeln der Kunst vollzogen wurde, sämtliche Aufgaben auf der To-do-Liste mit Bravour erledigt und abgehakt sind, der Garten einem herausgeputzten Idealzustand entspricht oder, das Herbstthema schlechthin, das Laub schön beiseitegeräumt ist: nicht relevant. Wenn man aus innerer Überzeugung und Motivation heraus all das erledigen kann und will, dann ist das in Ordnung. Wenn man etwas muss, nur weil man das halt muss, oder das Bild noch nicht dem entspricht, was allgemeingültig als schön, ideal, perfekt definiert wird, dann lässt man es besser. Es hilft schon, wenn man sich einfach mehr Zeit nimmt, dafür die Arbeiten dann konzentriert (und besser) ausführt. Man sollte bewusst daran arbeiten, den Plan nicht zu erfüllen, Dinge so lange wie möglich so zu belassen, wie man Freude daran hat. Weniger äußerer Stress, mehr innere Zufriedenheit.

VERGÄNGLICHKEIT

Alles ist vergänglich, selbst pure Schönheit.
Diese Lektion der Natur muss man lernen und begreifen.
Das ordnet viele Dinge neu. Ganz natürlich.

Der Herbst ist gnadenlos. Gnadenlos schön und gnadenlos konsequent. In wenigen Wochen fegt er die Landschaft leer, beendet mit einem kontrastreichen Farbfeuerwerk die Pracht eines ganzen Jahres. Das stimmt melancholisch, belebt gleichzeitig aber unsere Sehnsucht und Träume nach der baldigen Renaissance von Natur und Landschaft. Bis es so weit ist, gibt uns die Natur ausreichend Zeit zum sehnsüchtigen Träumen, Nachdenken, Kraft sammeln, Pläneschmieden, Nichtstun, Durchatmen.

Die Vergänglichkeit der Natur, die nicht nur vorhersehbar im Herbst, dann aber mit Gewissheit geschieht, ist wie ein natürlicher Schutzmechanismus. Immer nur Glanz und Gloria, immer nur beschwingte Leichtigkeit? Nein, das Leben ist vielschichtiger, hält mehr Facetten und Emotionen für uns bereit, ist Aufgabe und Verpflichtung. Das (eigene) Leben (und aller anderen) ist ein Schatz, den es zu achten und behüten gilt. Maß und Mitte, auch einmal über die Stränge schlagen, sich irren und verirren, jedoch immer im Bewusstsein, dass selbst die schönsten und unbeschwertesten Momente irgendwann einmal vorüber sind, das macht uns respektvoller.

Das feine Gerippe eines Blattes, die filigrane Schönheit von Schmetterlingen, der zarte Blütenreigen von Obstgehölzen, der Stolz opulenter Rosenschönheiten, die Blütenfülle der Hortensien: Atemberaubend schön, jedoch von Natur aus vergänglich und stets in Gefahr, frühzeitig und urplötzlich aus dem Leben gerissen zu werden. Schon ein unerwarteter Starkregen kann einer Apokalypse gleichkommen, eine farbenfrohe Gala zum plötzlichen Drama werden lassen.

Zwiebelpflanzen, die ihre Blätter nach der Blüte im Spätsommer/Herbst sukzessive einrollen, Bäume, die nach Blüte, Befruchtung, Wachstum und Frucht-/Samenbildung Blätter und Früchte abwerfen und ihr Himmelsstreben bremsen (Vegetationsruhe), lassen keinen Zweifel daran, dass alles seine Zeit hat und braucht – und es im Laufe des Jahres Phasen zum Kraftsammeln und Auftanken geben muss, um alsbald wieder neu aufzublühen. Ein gutes, motivierendes Gefühl.

»LÄCHLE, DENN ES GIBT EINEN FRÜHLING IN DEINEM GARTEN, DER DIE BLÜTEN BRINGT, EINEN SOMMER, DER DIE BLÄTTER TANZEN UND EINEN HERBST, DER DIE FRÜCHTE REIFEN LÄSST!«

Arabisches Sprichwort

TROTZ ALLEM GELASSEN BLEIBEN

Prima Klima? Leider nein. Alles bleibt anders.
Die (Laune der) Natur zu zügeln, ist vertane Liebesmüh.
Wir brauchen die Natur auf unserer Seite.

Bezogen auf die Herausforderungen des Klimawandels ergibt sich auch gar keine andere Möglichkeit, auf die Anpassungsfähigkeit und Dynamik der Natur zu setzen. Wann, wenn nicht heute ist es notwendig, Achtsamkeit nicht nur sich, sondern auch der Welt entgegenzubringen? Der Klimawandel wartet nicht.

Zurück zur Natur!

Gewiss, auf uns Gärtner kommt einiges zu. Den Garten, so wie wir ihn bisher kannten und nach bestem Wissen beackert und kultiviert haben, wird es absehbar nicht mehr als verlässliche Konstante geben. Gärten werden (wieder) natürlich-wilder, gleichfalls organisierter. Offen für Neues und bereit sein, die Selbstverwirklichung und Überhöhung von Natur und Landschaft im Garten auf ein vernunftorientiertes Maß zu bringen.

Aber, bevor man sich ob der vielen ungewissen Faktoren und Eventualitäten die Lust am Garten vom aufziehenden Klimawandel vermiesen lässt, nimmt man doch lieber die Herausforderung an und lernt den Garten als unbestrittenen Teil von Natur und Umwelt neu kennen. Entdecken, welche großen Möglichkeiten sich ergeben, wenn man den Garten und die eigene Art zu gärtnern ein gutes Stück neu erfindet. Gefragt ist ein neues Bewusstsein für die Veränderung, überhaupt das

Zulassen ihrer selbst, um den Weg, der in großen Teilen menschengemacht ist, aber doch von der Natur vorgegeben wird, mit gutem Gewissen und im Glauben an die eigene Kraft zu beschreiten.

Der Weg ist Aufgabe und Ziel zugleich und unser Blick kann nur in eine Richtung zeigen: vorwärtsgewandt gen Zukunft. Wenn wir J. J. Rousseaus »zurück zur Natur!« und die Botschaft dieses afrikanischen Sprichwortes beherzigen, können wir die Zukunftsampel auf Grün schalten: »Die beste Zeit, einen Baum zu pflanzen, war vor zwanzig Jahren. Die nächstbeste Zeit ist jetzt.«

TIPP WETTER CHECKEN

Warum von Regen, Hitze oder Sturm überraschen lassen, wenn man sich mit wenigen »Klicks« umfassend über Wetter und Witterung informieren kann? Das »Gartenwetter« des Deutschen Wetterdienstes (DWD) bietet kostenfreie und tagesaktuelle Information über die jeweilige regionale Wettersituation sowie ergänzende wetterbezogene Gartentipps.

DER HERBST

Melancholie liegt in der Luft. Aber, und das macht den Herbstzauber aus: Die Natur selbst sorgt farbenprächtig und facettenreich dafür, dass der Abschied in Erinnerung bleibt.

Der Herbst ist aus allen Perspektiven interessant, die Szenerie ein Naturschauspiel ersten Ranges. Bühnenbild und Choreografie des Herbstes sind voller Dramatik – und doch von einmaliger Schönheit.

Das Zusammenspiel elementarer Naturkräfte kulminiert im Herbst zu atemberaubend emotionalen Naturbildern. Von ganz sanft und atmosphärisch über aufbrausend und energisch bis zu hingebungsvoll romantisch. Noch einmal, noch ein vorerst letztes Mal bietet uns die Natur das volle Programm an Emotionen, Farben und Sinnlichkeit. Eine ergreifende Dramaturgie, deren Sinn allein darin besteht, sich noch einmal, ein letztes Mal, sattzusehen, die betörende Magie der Natur aufzusaugen und zu speichern. Ein hochemotionaler Sinnesrausch, den es mit jeder Faser des Körpers zu erleben gilt.

Und die Natur macht es uns dabei so leicht. Man muss nur vor die Tür treten, vielleicht ganz früh oder kurz vor Sonnenuntergang, um die Magie und die Kraft der Natur zu spüren.

Wenn man sich die Zeit nimmt, einfach nur zu staunen. Wie ein kräftiger Herbststurm Abertausende Blätter von den Bäumen fegt, wie diese selbst heftigen Stürmen trotzen, wie die Morgensonne den Morgentau sanftmütig von den Wiesen bittet … einfach rausgehen und erleben. Und wenn einem danach ist: Dann tobt man durch Blätterhaufen, das wirkt befreiend und lässt nicht nur Kinderaugen glänzen.

»WIRF DEINE GEDANKEN WIE
HERBSTBLÄTTER IN EINEN BLAUEN FLUSS.
SCHAU ZU, WIE SIE HINEINFALLEN UND
DAVONTREIBEN, UND DANN: VERGISS SIE!«

Zen-Weisheit

»IM NEBEL RUHET NOCH DIE WELT,
NOCH TRÄUMEN WALD UND WIESEN:
BALD SIEHST DU, WENN DER SCHLEIER FÄLLT,
DEN BLAUEN HIMMEL UNVERSTELLT,
HERBSTKRÄFTIG DIE GEDÄMPFTE WELT
IN WARMEM GOLDE FLIESSEN!«

Eduard Mörike (aus »Septembermorgen«)

DURCHATMEN

Das Gartenjahr neigt sich sicht- und spürbar dem Ende entgegen, Glanz und Gloria sind passé. Aber, und darin liegen der Zauber und die beruhigende Kraft des Winters: Schon bald wird ein erneutes Aufblühen beginnen. Die Zeit bis dahin, das sehnsüchtige Warten ist erfüllend, beruhigend und bietet, über den Garten hinaus, spannende Perspektiven.

DER KREIS SCHLIESST SICH

Die schützende Schneedecke, die sich jetzt sanftmütig über Natur und Landschaft legt, sorgt für faszinierende, inspirierende Motive. Eine beseelte Zeit.

Bereit für eine Zeit des bewussten Innehaltens, für eine friedfertige, beruhigende Phase des Übergangs? Eine Zeit im Gartenjahr, die in allen Facetten besonders ist. Nicht so pompös und ereignisreich wie der Sommer, auch nicht so apokalyptisch-dramatisch wie der Herbst, und erst recht nicht so aufstrebend-energisch wie der Frühling, dafür ungemein beruhigend, faszinierend und konsequent. Das Jahr neigt sich dem Ende, Glanz und Gloria sind passé, es ist Zeit, zur Ruhe zu finden, Motivation und Kraft für das nächste Gartenjahr zu tanken.

Winterstimmung

Die naturgegebene Winterruhe, in der es – eingehüllt in wärmende Kleidung – so ungemein guttut, eine kleine, ungezwungene Runde durch den verschneiten Garten zu wandeln, birgt in all ihrer frostigen Grundatmosphäre und mit den einzigartig zauberhaften Gartenbildern eine inspirierende Kraft, die sich vor allem in der emotionalen Rück- und Vorschau auf das alte und neue Gartenjahr bezieht. Unverhofft und ein wenig von sich selbst überrascht, ist man dann schnell von ersten spontanen Gedanken bei konkreten Plänen ... wann ist der Winter endlich vorbei? Wenn man an diesen Punkt kommt, kann man es kaum erwarten, mit dem Gärtnern, Machen und Wühlen wieder loszulegen. Dann hat man alles richtig gemacht. In der Winterruhe liegt die Kraft.

Deshalb sollte man lieber eine zwanglose Runde mehr durch den Wintergarten drehen und sich danach mit einer wärmenden Tasse Tee belohnen – und vielleicht auch mit einem guten Buch. Ein befreiendes Gefühl, wieder ins Warme zu kommen und sich dann seelenruhig weiteren schönen Dingen des Lebens zu widmen. Die Ruhe und selbstzufriedene Bescheidenheit von Natur und Landschaft lässt uns jede Menge neue Energie tanken, das »Nichts-machen-können« lässt uns bewusst im Moment verharren. Winter – eine natürliche Kraftquelle.

»KEINE SCHNEEFLOCKE FÄLLT JE AUF DIE FALSCHE STELLE!«

Zen-Weisheit

RAUSGEHEN, JETZT!

Ja, es ist jetzt ungemütlich-frostig und an Gartenzeit ist kaum zu denken. Dabei ist der Wintergarten ein besonders faszinierendes Erlebnis.

Den Wintergarten sollte man nicht unterschätzen. Man sollte ihn schätzen lernen. Wertschätzen. So unerwartet fantastisch und überraschend begeistert nur der Winter. Auf den ersten Blick bietet sich ein tristes Bild, alles liegt brach, unter einer frostig-kalten Schneedecke begraben, doch wenn man genauer hinschaut, sich auf den verborgenen Zauber einlässt, dann wird aus Abneigung rasch Faszination.

Die Freude über die kleinen Entdeckungen ist jetzt besonders groß – man hat ja nicht damit gerechnet, dass plötzlich etwas knallgelb oder rostrot blüht. Oder mehr Gartenleben stattfindet, als einem die beseelte Stille weismachen will. Man sollte sich nicht vom zurückhaltenden, »unschuldigen« Winterweiß blenden lassen, auch wenn das zusammen mit der leuchtenden Wintersonne gar nicht so einfach ist. Das Leben geht unter Eis und Schnee weiter. Nur eben weniger extrovertiert und exponiert.

Die Natur ist immer für Überraschungen gut und hält zu jeder (Jahres-)Zeit spannende Aspekte bereit. Sich positiv überraschen und spontan begeistern lassen, vor allem, wenn man mit seinen Gedanken gerade »woanders« war, wirkt elektrisierend und befreiend. Eine dezente Erinnerung, sich mehr auf den Moment und nicht zu sehr auf das Morgen und die ferne Zukunft zu konzentrieren.

Überraschungen sind nicht planbar, aber erlebbar. Einfach hinausgehen in den Garten, in die offene Landschaft, in die »dunkle Tann« ... und nicht suchen, auch nicht mit dem Ziel losgehen, etwas zu erleben oder ein bestimmtes Ziel zu erreichen, sondern sich einfach hineinziehen und treiben lassen, und den Zauber des Winters sein Werk verrichten lassen. So werden sich schöne Überraschungen aufspüren lassen. Auf die Genialität der Natur kann man zählen.

TIPP

WOHLTAT FÜR DEN BODEN

Mit winterlichen Grüneinsaaten, z. B. mit Buchweizen *(Fagopyrum)* oder Bienenfreund *(Phacelia tanacetifolia)*, und bei gleichzeitiger Einarbeitung von frischer Komposterde verbessern Sie die Bodenstruktur und die Krümelstabilität nachhaltig. Gerade bei ausbleibendem Frost essenziell, um die Strukturgüte und Funktionalität (Wasserhaltung, Nährstoffspeicherkapazität) über den Jahres-/Kulturwechsel zu erhalten! Durch wärmende und wasserspeichernde Mulchschichten (Rasenschnitt, Mulchvlies etc.) reduzieren Sie übermäßigen Wasserverlust über die »kulturfreie« Zeit.

NATUR – ERLEBNIS

Lassen Sie sich nicht von klirrender Kälte vom Gang durch die frostig erstarrte Natur abschrecken. Dem Winter liegt ein ganz besonderer – herzerwärmender – Zauber inne.

Frost und Kälte, Schnee und Eis, Moll anstatt Dur. Genau jetzt zeigen sich Natur und Landschaft, unsere Gärten von einer anderen, überaus spannungsvollen Seite. Sicht- und spürbar ein anderes Farbklima, je nach Dicke der Schneedecke auf ihre ganz groben Strukturen reduziert, naturgegeben zu einer ausdauernden Periode der Ruhe und Rast verpflichtet. Das tut Natur und Landschaft sowie unseren Gärten gut – das tut uns gut. Tief einatmen, und dann ganz bewusst die aufgewärmte Luft wieder in die frostige Kälte entlassen und ihren Weg verfolgen. Jetzt ist Zeit, näher bei sich zu sein, sich bewusster wahrzunehmen, kleine Schätze zu entdecken, das Schöne neu zu schätzen. Die Winterruhe ist ein intensives Erlebnis, wenn man sich auf den Pausenmodus einlässt. Unsere Sinne sind jetzt besonders geschärft und empfangen jedes Signal überdeutlich.

Sehen

Pure Magie, wie sich Schneekristalle selbstbewusst an Äste, Zweige, Blätter und Blüten heften; funkelnd-glitzernde Wintersonne; Spuren im Schnee; Vögel auf Nahrungssuche und die Freude darüber, wenn diese erfolgreich war; Blütenwunder, die jetzt (im Winter!) blühen; Früchte in leuchtenden Farben, die knallbunt der Wintertristesse trotzen; das von Blättern befreite Grundgerüst von Gehölzen. Den eigenen Garten im Pausenmodus zu sehen, kann melancholisch stimmen, aber: In der Winterruhe liegt die Kraft.

Fühlen

Die Schockstarre des Gartens ist fühlbar, die Natur zeigt uns ihre harte und kantige Seite, alles ist festgefroren und ehrfürchtig vor frostiger Kälte erstarrt. Das muss man fühlen! Aber Vorsicht, die Winterromantik ist zerbrechlich. Selbst, wenn weit und breit kein Schnee und Eis in Sicht ist, steht alles unter Spannung und bildet eine sensible Komposition, die leicht auseinander-, ab- und in sich zusammenbrechen kann. Die Natur verharrt im Moment.

Hören

So andächtig ruhig sich Garten und Landschaft jetzt präsentieren, so nachdrücklich beeindrucken die Klänge und Geräusche des Wintergartens, etwa das Knistern und Knarzen beim Durchschreiten der Schneedecke, selbst wenn das auf »leisen Pfoten« geschieht.

Riechen

Frische kalte Luft und frisch geschnittenes Holz: herrlich! Ebenso: Der frohlockende, nach außen strömende Geruch eines frisch zubereiteten Kräutertees oder/und einer wärmenden Kräutersuppe. Ein probates und überaus wirkungsvolles Mittel, um die eigenen Sinne zu betören, den Körper zu beleben, innere Wärme zu spüren: Saunagänge.

ZAUBERHAFTE SINNESBOTEN DES WINTERS

WINTERSCHNEEBALL *(Viburnum x bodnantense)* Die duftigen, zart weißen und rosa-farbenen Blütenbälle sind eine ganz wunderbare Überraschung, die bei günstigen Bedingungen den kompletten Winter für Staunen sorgen; ideal für weitläufige, natürlich schöne Heckenpflanzungen, gern mit anderen Schneeballarten.

PFLEGE Wenn man darauf achtet, dass der Boden nicht zu trocken und weder zu karg noch zu nähr-stoffhaltig ist, dann ist der Winterschneeball bereits rundum zufrieden; Auslichtungsschnitt nach der Blüte hält ihn vital.

STANDORT Sonnig bis halbschattig, lockerer, stets leicht feuchter, normaler Boden.

TIPP Wächst zu einem stattlichen Strauch von zwei Metern Breite und drei Metern Höhe heran, daher: Schon bei der Pflanzung genügend Raum geben.

WINTERLING *(Eranthis hyemalis)* So zart und zierlich die Schalenblüte eines einzelnen Winterlings ist, so beein-druckend schön sind die dichten Teppi-che, die sich, ganz von selbst, unterhalb großer Solitärgehölze bilden. Ein wahres Blütenmeer in leuchtendem Gelb!

PFLEGE Sind die Winterlinge einmal etabliert (Wurzelknollen vor der Pflan-zung im September/Oktober in Wasser einlegen), am besten nichts tun.

STANDORT Lichtschattig bis halbschat-tig; humusreiche, lockere, gut feuchte Böden.

TIPP Das perfekte Team: Schneeglöck-chen und Winterling.

ROTE WINTERBEERE *(Ilex verticillata)*

Die zahlreichen knallroten Beerenfrüchte (Ende August bis Februar) sorgen für einen herbstlich-winterlichen Hingucker par excellence. Ihren ganzen märchenhaften Zauber entfaltet die Winterbeere im winterlichen Garten inmitten schneebedeckter Gehölzpartien.

PFLEGE Man muss nur darauf achten, dass das Erdreich nicht austrocknet.

STANDORT Die absolut frostharte und robuste Art benötigt frischen bis feuchten, nährstoffreichen Boden.

TIPP Stets zwei, drei Exemplare pflanzen, um die Wirkung der tollen Herbstfärbung und des famosen Beerenschmucks zu erhöhen.

Pflanzen zum ...
STAUNEN

ZAUBERNUSS *(Hamamelis)* Ihr strahlenförmiges Blütengewirr in wunderschönen Gelb-Rot-Orange-Tönen ist spektakulär schön. Die locker verzweigten Sträucher werden bis zu drei Meter breit und vier Meter hoch und stehen ob ihrer Anmutung und Grazie gern solitär, aber gut eingebettet in eine natürlich üppige Kulisse.

PFLEGE Auf optimale Standortbedingungen achten, dann lieber in Ruhe lassen, vor allem: nicht schneiden!

STANDORT Sonnig bis lichtschattig; windgeschützt; tiefgründige, durchlässige, frische bis feuchte, gut humose Böden.

TIPP Die Kronen kleinerer Sträucher bei Starkfrösten mit Vlies abdecken, um die Blüten zu schützen.

»AM GRUNDE DES HERZENS EINES
JEDEN WINTERS LIEGT EIN FRÜHLINGSAHNEN,
UND HINTER DEM SCHLEIER JEDER NACHT
VERBIRGT SICH EIN LÄCHELNDER MORGEN!«

Khalil Gibran

WINTERZEIT – KREATIVZEIT

Die beruhigende Kulisse draußen macht spürbar Lust, drinnen kreativ-produktiv tätig zu werden und beim Machen von schönen Dingen die Zeit zu vergessen.

Man kann natürlich auch »nur« staunen über die beruhigend schöne Natur draußen. Man kann aber auch selbst Hand anlegen, aktiv kreativ tätig werden. Drinnen. Staunen ist natürlich trotzdem möglich, vielleicht sogar auch über die eigene kreative Schaffenskraft.

Die Zeit vergisst man beim Machen und beim Beschäftigen mit einer Sache, die man so vielleicht noch nie gemacht hat, sowieso. Die kreativ-handwerkliche Arbeit an und mit Naturwerkstoffen beruhigt und man bekommt ein »griffiges« Gefühl für Holz und Co.

Schöne Dinge schaffen

Das Beste am Selbermachen: Schon beim Machen steigt die Laune. Man schafft selbst etwas. Etwas, das bleibt, etwas, das schön ist. Das probate »Gegengift« gegen Frost, Schnee, Gartentristesse, den Winterblues generell.

Vielleicht fängt man ganz klein an und nimmt sich Zeit zu malen oder zu bemalen. Winterruhige Gartenlandschaften, formschöne Steine, markante Holzfundstücke ... ganz gleich ob impressionistisch-romantische Landschaftsstimmung, interessante Muster (»Mandala-Steine«) oder expressive Kontraste: Man sollte nicht zu lange überlegen, sondern einfach anfangen. Jedoch nicht bevor man für eine stimmungs-

volle Arbeitsatmosphäre gesorgt hat. Es müssen übrigens nicht nur schöne Dinge für drinnen sein. Eigene Pflanzgefäße (z. B. aus alten Blechdosen, Saftkartons oder aus »zweckentfremdeten« Behältnissen wie Körbe, Kisten oder anderen Boxen) oder Pflanzschildchen (z. B. aus Metall oder Natursteinen, etwa Schieferbruch) machen auch draußen etwas her. Besser als mit zeitvergessenem Kreativsein kann man die Zeit nicht nutzen, zumal man aktiv etwas für sich und den Garten tut, trotz Winterruhe.

TIPP

NATURSCHÄTZE BERGEN

Kleine Kiesel vom Strand, rustikal-verwittertes Holz aus dem Wald, interessant strukturierte/gefärbte Blätter, natürliches »Verpackungsmaterial« (Schalenteile, Rinde etc.), markante Frucht-/Samenstände, abgeblühte/getrocknete Blütenstände: Die Natur selbst liefert die besten Kreativmaterialien. Rausgehen, entdecken, sammeln. Am besten das ganze Jahr über.

SEHNSÜCHTIGES TRÄUMEN ERLAUBT

Träumen muss erlaubt sein. Erst recht, wenn es der Seele guttut. Der Winter in seiner naturgemäß drastischen Konsequenz schafft die Momente dafür.

Und die Ruhe. Ruhe, die es braucht, um den Gedanken Raum und Zeit zu geben, sich ganz auf sich und den Moment konzentrieren zu können. Von wegen Winterblues! Man braucht nur in den Garten zu blicken, besser noch man dreht eine Runde durch den ruhigen Garten. Und dann: Die Augen schließen, tief einatmen, innehalten und bedächtig wieder ausatmen.

Das Atmen ist unser innerer Taktgeber und nicht ohne Grund basieren sämtliche Meditationstechniken auf dem bewussten, tiefen Ein- und Ausatmen. Der Atem lässt uns spüren. Dass wir atmen, merken wir erst, wenn wir uns das Atmen bewusst machen. Die Intensität des Gärtnerns hat keinen unwesentlichen Anteil daran. Wann immer man merkt, dass man atmet, sollte man die folgenden Atemzüge ganz bewusst und ruhig machen. Man merkt, wie gut das tut. Kleine Übung, große Wirkung: Wenn man für drei Sekunden tief und ruhig einatmet, hält man den Atem genauso lang an, und atmet dann noch einmal ebenso lang aus. Natürlich kann man auch die Zeitpanne erhöhen ...

Vorfreude ist die schönste Freude

Die beste »Medizin« gegen den Winterblues ist das Rausgehen (in Natur, Landschaft und Garten), denn so kann man in der »dunklen Jahreszeit« jeden erhellenden Sonnenstrahl (Vitamin D!) aufsaugen. Draußen empfängt einen eine ehrfürchtige Ruhe, die je länger sie andauert, die Sehnsucht nach Licht, Wärme und Farbe ins Unermessliche treibt. Sobald man aber – beim Rausgehen, wo sonst?! – die ersten, ganz frühen Blüten entdeckt, wird aus schwelgerischen Träumen greifbare Gewissheit. Aufatmen.

> »DIE BLUMEN DES FRÜHLINGS SIND DIE TRÄUME DES WINTERS!«
>
> *Khalil Gibran*

IN DER (WINTER-) RUHE DIE SEELE AUFTANKEN

Sich in sich zurückziehen, die eigene wohlverdiente
Auszeit nehmen und seelenruhig auspendeln?
Ja, dafür ist jetzt der optimale Zeitpunkt.

Winter, das ist die Zeit für bewussten Rückzug. Einigeln im wahrsten Sinn des Wortes. Zeit zum Auftanken, Pläne schmieden, sich treiben lassen, Zeit für sich nehmen, Dinge nachholen, Dinge vorbereiten, sich etwas gönnen, sich ablenken lassen … alles aus grundentspannter Haltung. Für Ablenkung und Plaisir kann man selbst sorgen. Man sollte die Zeit aktiver Entspannung und mit einem konzentrierten Blick zurück beginnen und das (Garten-)Jahr Revue passieren lassen. In der Rückschau kann man sich noch einmal besonders prägende Erlebnisse und Momente bewusst machen.

Kleine Aufmerksamkeitsübung

Der Gang durch frischen Schnee ist ein Erlebnis. Interessant ist es, auf demselben Weg, auf dem man in den Garten hineingegangen ist, wieder zurückzugehen. Denn die Spuren im Schnee sind die eigenen, es ist der persönliche Fußabdruck, das (vergängliche) Zeugnis der eigenen Anwesenheit in der bis dahin unberührten Natur. Sich das bewusst zu machen, schafft das Bewusstsein dafür, dass man hier bereits einen Fuß auf die Erde gesetzt hat. Aufrichtiges Staunen. Manchmal muss man zurückgehen, um auf seinem Weg (zur Achtsamkeit) vorwärtszukommen.

Heiß-kalte Sinnesfreuden

Sich etwas Gutes tun, tut gut. Für sich, für die eigene Seele, für das eigene Wohlbefinden. Wie wäre es zum Beispiel mit einem Gang in die Sauna oder sogar zum Eisbaden oder stattdessen (oder extra, »on top«, als »Belohnung«) einem würzigen Kräutertee oder einer schmackhaften Suppe mit Kräutern aus dem eigenen Garten zum Auf- und Durchwärmen. Apropos Aufwärmen. Am besten gönnt man sich nach einem ausgedehnten Winterspaziergang ein intensives Kräuterbad (maximal 20 Minuten lang, zwischen 36 und 39 °C Wassertemperatur), das die Sinne belebt und ausgesprochen guttut.

TIPP KRÄUTERBAD

Ringelblume (fördert ruhigen Schlaf, lindert Hautbeschwerden), Lavendel (wirkt entspannend und ausgleichend), Rosmarin (krampflösend, belebend), Thymian (befreit die Atemwege, schmerzlindernd), Melisse (beruhigt das Gemüt, wirkt entspannend), Beinwell (lindert Wunden und Schwellungen).

GARTENPRAXIS

Der Blick aufs Wetter bestimmt, was noch oder schon zu tun ist. Vieles kann warten, nur Frostschutz und die Erhaltung der Pflanzenvitalität nicht.

Und auch nicht: die Versorgung hungriger Vögel. Es muss für die Piepmätze übrigens nicht immer nur das klassische Körnermenü sein. Es können auch einmal selbst gemachte Vogelplätzchen sein, schließlich ist jetzt Plätzchenzeit, und schließlich schmeckt selbst gemacht immer am besten. Das Backen der Plätzchen macht und bringt Freude, und geht in etwa so: Als Grundmasse Rinder-/Hammeltalg oder Kokosfett (ca. 200 Gramm) vorsichtig im Topf erhitzen und mit Schmelzbeginn vom Herd nehmen. Nun Haferflocken, Rosinen (mögen vor allem Amseln, Drosseln, Rotkehlchen), Weizenkleie und allerlei Körner, unter Zugabe von Speiseöl, in die Masse mischen. Dann mit üblichen Ausstechformen die gewünschte Form aus der breiigen Masse ausstechen und ein kurzes Juteseil (zum Aufhängen) einarbeiten. Alles gut abkühlen lassen und dann ab in den Tiefkühlschrank (zum Aushärten) – fertig. Die Plätzchen (nicht zu sonnig) aufhängen und das baldige Schauspiel genüsslich verfolgen.

WINTERTÄTIGKEIT

Jetzt ist es wichtig, neben gutem Frostschutz für sensible Pflanzenschätze, für den Garten allgemein Vorkehrungen zu treffen, wie den Boden mit Reisig etc. abzudecken, das Wasser abzustellen, alles, was nicht winter-/frostfest ist, ins Warme zu bringen und auch an die Gartengerätschaften zu denken sowie immer mal wieder ein Auge auf die Wasserversorgung der Pflanzen zu haben. Wintertrockenheit macht vor allem vielen Gehölzen zu schaffen, und nicht wenige Pflanzen vertrocknen über den

Winter, geraten aber zumindest in Stress, wenn es über die oft sonnigen Wintermonate zu wenige Wasserspenden gibt.

PFLEGENDER SCHNITT

Wenn man mag, es die Witterung zulässt und einem nach »echter Gartenarbeit« ist, dann »darf« man über den Winter kräftig die Garten-Baum-Schere-Säge ansetzen sowie gelegentlich über den Rasen und durch Pflanzflächen spazieren, um allzu matschiges Laub (ungünstiger Feuchtigkeitsstau) beiseitezuräumen und die ersten Gemüseschätze (z. B. Frühkartoffeln) und Zwiebelpflanzen – im Warmen – vorzutreiben beziehungsweise deren Entwicklung zu prüfen.

HILFE
für den Garten im Winter

ACHTSAM GÄRTNERN

Vogelhäuser und Co. aufstellen; Überwinterungsquartier für sensible Pflanzenschätze; Winterschnitt bei schneebruchgefährdeten Gehölzen; Gehölze mit Beerenschmuck (Pflanzung im Frühjahr/Herbst)

WINTERFÜTTERUNG

• Meisenknödel und Co. nicht vor November, dann bis etwa Ende Februar aufhängen.

• Fütterung stets an der gegebenen Witterung orientieren und nur bei längeren Schnee- und (strengen) Frostperioden durchführen, denn die Vögel sollen sich primär (selbst) aus der Natur ernähren, ihren naturgegebenen Spürsinn behalten.

• Der Standort der Futterstellen sollte immer gut regen- und schneegeschützt sein, damit das Futter weder aufweicht noch schimmelt oder (bei strengen Frösten) gefriert.

• Damit man »das große Fressen« stets gut im Blick hat, wählt man einen (vom warmen Wohnzimmer aus) gut sichtbaren Futterplatz.

• Sind Glasscheiben oder ähnliche für Vögel schwer erkennbare Hindernisse im Anflugweg, müssen diese gut markiert werden (Vogelaufkleber).

• Selbstbau-Futterhäuser so planen, dass die Vögel nicht im Futter/Kot stehen und entsprechend sauber halten; man sollte dabei Handschuhe tragen, um Kontakt mit Vogelkot etc. zu meiden.

»LASS DEINEN GEIST STILL WERDEN, WIE EINEN TEICH IM WALD. ER SOLL KLAR WERDEN WIE WASSER, DAS VON DEN BERGEN FLIESST!«

Buddha

ZEIT FESTHALTEN –
GARTENTAGEBUCH

Der Winterzauber sorgt per se für ungeahnt schöne Blicke auf den Garten und liefert ein zauberhaftes Motiv nach dem nächsten für unser Gartentagebuch.

Nun ist das Gartenjahr fast vorüber, der Garten liegt brach und zeigt sich, wenn sich keine schützende Schneedecke über ihn legt, verletzlich und ein wenig unnahbar. Doch es ist diese morbide Mystik, die einzigartige Gartenbilder fabriziert. Nicht die, auf die wir schon jetzt sehnsüchtig warten. Die, die uns tief beeindrucken, eine ehrfürchtige Ruhe in sich tragen – uns tief ins Innere unseres Gartens blicken lassen.

Dabei mangelt es nicht an »Aha-Momenten«. Wahrlich rührend sind Begegnungen mit der heimischen Tierwelt, etwa »verdächtige« Spuren im Schnee oder hungrige Vögel auf der Suche nach kleinen – überlebenswichtigen – Leckerbissen. Man sollte sich die Zeit nehmen, diesem Treiben zuzuschauen, und den Moment bewusst aufzusaugen. Für das Gartentagebuch könnte es kaum sinnlichere und lehrreichere Erlebnisse geben. Garantiert viel Stoff! Vielleicht »bewaffnet« man sich auch mit spezieller Technik (Fernglas, Notizzettel, Bestimmungsbuch), um den Vögeln so nah wie möglich zu kommen, ohne sie zu stören.

Der erste knackige Frost, und wie sich der Garten oder einzelne Protagonisten danach präsentiert haben, der erste Schneefall, faszinierende Sonnen-Licht-Spiegelungen in Schnee-Eis-Kristallen, der Kontrast aus immergrünen Pflanzen und/oder intensiv gefärbten Beeren (Eibe, Hagebutten,

Feuerdorn, Schönfrucht, Winterbeere) im Zusammenklang mit Schnee und Eis … pure Magie.

Was neben den natürlich schönen Momenten unbedingt ins Tagebuch gehört: der Garten in seinem puristischen, ungeschminkten Antlitz, ganz gleich ob als Foto oder stilisierte Bleistiftzeichnung. Nur jetzt zeigt er sein Grundgerüst mit besonders markanten Strukturen (Gehölze, Wegenetz etc.). Für eine präzise Gartenplanung sehr erkenntnisreich!

TIPP

LETZTE GELEGENHEIT!

Achtung, es wird frostig! Um Nerven und Budget zu schonen, sollte man frostempfindliche Pflanzen/Töpfe schützen, Wasserhähne und freiliegende Leitungen isolieren beziehungsweise das Wasser abstellen, wind-/schneebruchgefährdete Pflanzen stützen und Zwiebelpflanzen ins Warme bringen.

GARTEN UND SEELE RUHE GÖNNEN

Damit sich der Kreis schließen kann,
braucht es die Ruhe des Winters. Die Phase des
Durchatmens und Innehaltens ist eine Wohltat.

Was für ein Jahr! Und so schnell vorüber ...
umso wichtiger ist der Blick zurück. Der
ruhige, besonnene Blick. Sich das Erlebte
noch einmal bewusst zu machen, lässt einen
(wenigstens kurz) im Moment verharren. Luft
holen, bevor es weitergeht. Die Gedanken krei-
sen. Sich selbst noch einmal zu reflektieren, dabei
nicht die verpassten Chancen und Gelegenheiten
des Gartenjahres, sondern die schönen und glück-
seligen Momente zu fokussieren, zaubert einem
ein zufriedenes Lächeln ins Gesicht. Sich bewusst
zu machen, was man alles bereits geschafft hat,
welche Hürden letztlich doch genommen wur-
den – das hilft und motiviert, macht gelassener.
Ein bisschen staunt man über sich selbst; gut so!
Der Blick nach vorn wird nun weniger ängst-
lich empfunden, denn man weiß: »Ich bekomme
das hin«. Irgendwie, aber in jedem Fall. Auch die
Natur erinnert sich, speichert den Lauf des Jahres in essenziellen Grundinformationen – in der
DNA jeder Pflanze –, die es ermöglichen, für das
nächste Jahr noch besser gerüstet und anpas-
sungsfähiger an besondere Ereignisse und all-
tägliche Herausforderungen (Hitze, Trockenheit,
Starkregen, Wind, Lichtausbeute, Konkurrenz um
Wasser/Nährstoffe, Abwehrstrategien gegenüber
Krankheiten/Schädlinge) zu sein.

Aufräumen und ordnen

»Wenn Dein Geist nicht umwölkt ist von Unnöti-
gem, ist dies die beste Jahreszeit Deines Lebens.«

Dieser uralten und gleichfalls hochaktuellen
Weisheit aus Fernost folgend, findet der beste
Moment, »die beste (Jahres-)Zeit« immer genau
jetzt und dann statt, wenn wir das hören, sehen,
fühlen und spüren. Wenn die Gedanken klar
sind, der Geist wach und inspiriert ist. Man
auch im Kleinen große Freude empfindet. Unser
Wintergarten bietet hierfür die ideale Kulisse.
Das Teamwork aus Blatt und Eis zaubert wunderschöne, fast mystisch anmutende Bilder. Kein
ferner Traum, greifbare Realität.

> »SO KOMMT ES, DASS DIE
> MEISTEN MENSCHEN GAR NICHT
> WISSEN, WIE SCHÖN DIE WELT IST!«
>
> *Rainer Maria Rilke*

VON DANKBARKEIT ERFÜLLT

Das Jahr ist passé, viele schöne Momente haben
es ausgefüllt, Körper, Geist und Seele sind
in wohltuender Balance. Zeit für Dankbarkeit.

Nicht die Glücklichen sind dankbar. Es sind die Dankbaren, die glücklich sind.« Dieses Zitat des bedeutenden Philosophen, prägenden Essayisten und mächtigen Staatsmanns Francis Bacon ist eine großartige Zusammenfassung, was Achtsamkeit über das persönliche Empfinden hinaus ist, was eine achtsame Seele imstande ist zu geben. Empathie, Gemeinsinn, Verständnis, Selbstachtung, Wertschätzung für andere. Dankbarkeit bildet die Basis für ein erfülltes Leben.

Dankbarkeit muss man sich trauen. Einfach mal »Danke« zu sagen: Im Alltagstrubel und unter dem Eindruck globaler Missstände sowie persönlicher Schicksale keine einfache Übung. Apropos Übung. Dankbarkeit kann man sich antrainieren und erarbeiten. So sollte man versuchen, auch wenn es anfangs schwerfällt, positiv zu denken, die schönen Dinge zu sehen, und seien sie auch noch so klein. Es hilft auch, schöne Erlebnisse und Entdeckungen zu notieren, um sie immer dann parat zu haben, wenn wir gerade wieder in den Nachdenk-Grübel-Modus kommen. Ein spontaner Gang in den Garten kann den Schalter sogar sofort umlegen, selbst im Winter:

Wenn man beginnt, den schönen Dingen und Erlebnissen gebührend Beachtung und Raum zu geben, dann merkt man das an der inneren Haltung. Die Ausstrahlung verändert sich positiv. Unser Garten hilft uns dabei. Über das Gärtnern nehmen wir direkt und nachvollziehbar Einfluss. Auch auf unser Selbst. Selbstverständnis. Selbstwertgefühl. Die Freude über erfolgreiches Ernten, bezaubernde Pflanzenbilder, überhaupt das Gefühl, sich selbst eine eigene, atmosphärisch schöne Welt erschaffen zu haben, lässt uns (von innen heraus) strahlen, und wir sind über unser eigenes Glück so glücklich, dass wir es unmittelbar und freizügig teilen und weitergeben möchten. Dankbarkeit.

»DER WINTER LIEGT AUF MEINEM HAUPT, ABER DER EWIGE FRÜHLING IST IN MEINER SEELE!«

Chinesisches Sprichwort

DER WINTER

Der frostige Winter erschafft faszinierende und zauberhafte Natur- und Gartenbilder, die trotz ihres kurzen Bestehens nachdrücklich beeindrucken. Seelige Momente. Glücksmomente.

Winter ist pure Magie. Faszinierend, unberechenbar, abweisend, atemberaubend, mystisch, beruhigend. Tiefverschneite Wintergärten besitzen eine einmalig schöne Ausstrahlung. Sie, eingehüllt in warme Kleidung, zu entdecken: ein kleines, beeindruckendes Abenteuer. Jeder Schritt, der die Schneedecke durchbricht, ist ein Schritt hinein in eine eigene Welt. Die eigenen Spuren im Schnee, ein vorsichtiges Eindringen in die Wintermagie.

An sonnigen und wintermilden Tagen verwöhnt der Gang durch Natur und Landschaft mit zauberhaften Landschaftsbildern. Bilder, die im Kopf bleiben. Dem Auge bieten sich jetzt spannende, bisher nicht gekannte Perspektiven und neue interessante Facetten in Garten und Landschaft. Schneebedeckte Pflanzflächen, aus denen einige besonders stolze Blütenschönheiten des vergangenen Gartenjahres herausragen und frostige Schneekristalle an ihren abgeblühten, aber standfesten Blütenständen, funkeln faszinierend und beruhigen gleichermaßen.

Dass diese Bilder nur von ganz kurzer Dauer sind, und je nach Sonnenlicht eine andere Stimmung entfalten, macht den Zauber perfekt. Wahrlich zauberhaft sind die zartgelben bis orangefarbenen Blütenstrahlen der Zaubernuss, die inmitten der weißen Winterwelt auf den Überraschungseffekt setzt. Einmal staunen, bitte!

Aber es gibt noch so viele andere inspirierende Überraschungen zu entdecken, und dass im Winter bereits der Frühling beginnt, zeigen mit dem Voranschreiten der Winterperiode Winterling, Schneeglöckchen etc. und die ersten zarten Knospenansätze früh blühender Gehölze

wie etwa Kornellkirsche. Im Zusammenspiel mit Frost und Schnee und dem schneebedeckten Grundgerüst von Garten und Landschaft ist das Bestaunen der langsam auftauenden Winterlandschaft ein prägendes Erlebnis.

»BÄUME VOM SCHNEE BEDECKT,
ZARTE KRISTALLE AUF JUNGEN ÄSTEN.
VOM LICHT DER SONNE ENTDECKT,
FALLEN TROPFEN IN DEN GARTEN, WO SCHON,
ZU FRÜH GEWECKT, KRÄUTER UND BLUMEN
DEN FRÜHLING ERWARTEN!«

Lilo Gerstenberg (aus »Winter«)

»HALTE IMMER AN DER
GEGENWART FEST.
JEDER ZUSTAND, JA JEDER
AUGENBLICK IST VON
UNENDLICHEM WERT,
DENN ER IST DER
REPRÄSENTANT EINER
GANZEN EWIGKEIT!«

Johann Wolfgang von Goethe

REGISTER

DER AUTOR

Lars Weigelt studierte in seiner Geburts- und Heimatstadt Dresden Landespflege und verbindet seit Anfang 2011 unter dem Namen »Die grüne Note« seine grünen Kompetenzen in den Bereichen Text- und Fotoproduktion sowie Gartenplanung. Als Redakteur verfasst er Beiträge für relevante Medien mit Schwerpunkt Garten, als Planer entwirft und verwirklicht er individuelle Gärten und Freiräume. Die Verbindung von ökologischer Vernunft mit zeitgemäßem Design und der umfassende Blick auf das Gesamtkonzept eines Projekts sind dabei seine Kernthemen; das Gärtnern ist seine Passion. Mit Esprit und Hingabe vermittelt er Gartenfachwissen über Magazinbeiträge und Gartenbücher.

DANK

Darf ich ehrlich sein? Ein Buch wie dieses schreiben zu dürfen, dafür das Vertrauen vom Verlag zu bekommen, macht mich immer noch ein wenig sprachlos. Ein Buch wie dieses ist zu einem bedeutenden Teil auch ein Abbild meiner persönlichen Empfindungen und Gedanken zum Gärtnern, zur Achtsamkeit, zum Verhältnis Mensch und Natur generell, in einer Zeit, in der technischer Fortschritt mit der Sehnsucht nach authentischer Natur in einem, nicht immer ausbalancierten, jedoch oft schwelgerischen Verhältnis zueinander steht. Ein Buch wie dieses ist mein Versuch, übers Gärtnern präzise Antworten mit motivierenden Gedanken zu kombinieren, um wieder selbst-bewusster mehr im Moment, im Hier und Jetzt leben zu können. Es wenigstens aber mit sich und der Welt neu zu versuchen.

Vom Verlag dafür vollumfängliches Vertrauen und Unterstützung zu erhalten, ehrt mich sehr. Danke! Mein besonderer Dank gebührt hierbei Anna Geistbeck, die mir in allen konzeptionellen, redaktionellen und organisatorischen Belangen stets die bestmöglichen Rahmenbedingungen ermöglicht hat und alle am Buchprojekt Beteiligten effektiv und konstruktiv auf einen gemeinsamen Nenner gebracht hat. Vielen Dank für diese hervorragende Zusammenarbeit! Nicht in Worte zu packen indes ist die Dankbarkeit meiner Familie und meiner Lebenspartnerin Mandy Uhlemann gegenüber, die es mir durch Geduld und Verständnis sowie Inspiration und Motivation erst möglich machen, ein Buch wie dieses schreiben zu können.

Danke! Danke! Danke!

BILDNACHWEIS

Shutterstock:
Vorspann:
Gryko, Adam: 6; (nodff: 5)

Natur Raum geben:
allstars 8-9 ; Flower_Garden: 10; mythja 12, 16;
Provizart: 15

Frühling:
BlurryMe: 28-29; borovska, viktoriia: 27; cdrin:
64; courtyardpix: 38; freya-photographer: 61;
Katerina_Tuveleva: 47; lidante: 65; lightpoet: 31;
Lofitskaya, Larisa: 34; MarcinSl1987: 62; Mueller,
Cora: 25; mythja: 54-55, 81; Nabi, Saida: 18-19;
photong: 37; Sandor, Kocsis: 40-41; schankz: 56;
Schoener, Ole: 27; SJ Travel Photo and Video: 26;
SkandaRamana: 64; Stewart, Carl: 45; Szabolcs,
Csehak: 31; TanaCh: 26; Tim UR: 50; unive: 21;
Votit, Sergii: 22; West, Anna-Mari: 58; willmetts:
65; Zett, Dora: 42

Sommer:
BaLL LunLa: 110; BBA Photography: 84; Bratt,
Simon: 113; F, Dory: 104; ESB Professional: 48;
Fotokostic: 74; Gilmanshin: 87; Hadrian: 66-67,
73, 102-103; lcrms: 99; Ikpro: 106; Kimura-
Rosetta, Hidenori: 114; KSENIA el oufir: 96-97;
kyokoliberty: 79; Meester, Maria: 115; Mueller,
Cora: 82; Nazzu: 75; nodff: 115; Oliver911119:
76-77; Petolea, Catalin: 70; Raths, Alexander: 91;
Sem, Olha: 75; Shebeko: 68; Siaber, Vlad: 115;
Thomas, Ev: 74; Vasili, Pindyurin: 94; Woodruff,
Cory: 109; yoshi0511: 88-89; Zett, Dora: 92

Herbst:
Africa Studio: 153; Ase: 141; Casad, E.S.: 156; chi-
nasong: 36-37; el lobo: 120; gorillaimages: 132;
helga_sm: 123; Hindstroem, Jari: 131; Krasnogor,
Nataliia: 138; LianeM: 124; majagal: 157; Mariola
Anna S: 125; Miao Liao: 148; mythja: 118, 126-
127, 143, 146-147; O_Schmidt: 154; Ovcharenko,
Kateryna: 157; Raths, Alexander: 134; Schmitz,
Olaf: 116-117; Vagnerova, Iva: 124; tharamust:
150; TTphoto: 125; Vasilyev, Alexandr: 156; Zoro-
yan: 128

Winter:
Edoma: 170; Gecko 1968: 180; Golotvin, Sergey:
187; Ikan, Leonid: 178-179, 186; ileana_bt: 184;
Kichigin: 158-159; LianeM: 162, 167; Makarov,
Alexandr: 183; nature photos: 168-169; PNPI-
mages: 165; Ruckszio, Manfred: 166; Skowronek:
173; Snover, Jo Ann: 174; Syakina, Svetlana: 160;
TMsara: 166; V J Matthew: 167; Zaitsev, Vadym:
187

Illustrationen:
Shutterstock, Vector Evolution

Autorenfoto:
Mandy Uhlemann: 190

IMPRESSUM

Produktmanagement: Anna Geistbeck
Textredaktion: Ute König
Korrektur: Susanne Langer
Layout und Satz: Sabine Loos
Umschlaggestaltung: Sabine Loos
Repro: LUDWIG:media, Zell am See
Herstellung: Barbara Uhlig
Text: Lars Weigelt

Printed in Germany by APPL

Sind Sie mit diesem Titel zufrieden?
Dann würden wir uns über Ihre Weiter-
empfehlung freuen.

Erzählen Sie es im Freundeskreis, berichten
Sie Ihrem Buchhändler oder bewerten Sie
bei Onlinekauf. Und wenn Sie Kritik,
Korrekturen, Aktualisierungen haben,
freuen wir uns über Ihre Nachricht an
Christian Verlag, Postfach 40 02 09,
D-80702 München oder per E-Mail an
lektorat@verlagshaus.de

Unser komplettes Programm finden Sie unter

www.christian-verlag.de

Die Deutsche Nationalbibliothek verzeichnet
diese Publikation in der Deutschen National-
bibliografie; detaillierte bibliografische Daten sind
im Internet über http://dnb.d-nb.de abrufbar.

ISBN 978-3-95961-163-3